日本人が知らない
外国人労働者のひみつ

中村大介

BYAKUYA
BIZ BOOKS

はじめに

この仕事を選んだ「原点」を考えてみると、思い出すことがある。

ある時期にフィリピンに留学したとき、アイランドホッピングといって、ボートでいくつもの島を巡る旅をした。

ある島では、地元の小学生くらいの少年と仲良くなって一緒にバレーボールを追い回した。その後は、長い時間をかけて少年の話を聞く流れになった。

遠い国から来た旅人相手に、彼は熱心に自分の夢を語ってくれる。こちらも思わず耳を傾けてしまう。


「僕の夢は、あの島へ行って働くことだ」

あの島というのは、セブ島のことである。

「あの島へ行けば、ここで漁師をする収入の5倍稼げるんだ」

金額を聞いてみると、5倍の収入というのは、日本円にして月給4万円ほど。自分よりずっと年下の少年が、将来の仕事でいくら稼げるか、それを5倍にするにはどうするかを見据えて、初対面の人間に熱っぽく語ってくれる。

彼が目指している夢の世界は、近くの少し栄えた島でしかない。5倍の月収をさらに5倍した給料でも「安くてやってられない」という人が当たり前にいる極東の島国を、彼は知らない。

そのとき、自分がいかに恵まれているかを痛感するとともに、こうも思った。

「もしも、こんなに夢と意欲に溢れた人がもっと広い世界に飛び出したら……たとえば日本に来て仕事をすることができたら、どれだけ活躍することができるだろう」

それから数年後。

新卒で入った会社から独立したときは、必ずしもはっきりとした事業のプランを持っていたわけではなかった。以前からお付き合いのあった地方の企業と話しながら、「どんなことでお困りですか?」とヒアリングしていくと、どの企業にも共通していたのが「採用がしづらくなってきました」ということ。そして「採用しても定着しづらくなってきました」だった。

話を聞いているうちに感じたのは、「もう今までのように日本人を採用するのは無理なんじゃないか」ということだった。だとすれば、日本人以外。外国人しかない。あのときの少年の顔が頭をよぎった。

外国人を採用するにはどうしたらいいか、調べてみると技能実習という制度を国が推進しているのをはじめ、専門性の高い分野なら外国人材の紹介サービスという分野もあることがわかった。これなら事業化できそうだ、というので取り組み始めたのが2015年のこと。これが、私が外国人材に関わるようになったスタート地点だった。

当時、同じ仕事をしている会社は少なかったが、マーケットは年々拡大していった。新たに特定技能という外国人材活用の制度も導入された。その後、ジンザイベースを設立して現在に至る。外国人材を人手不足の日本企業にマッチングすることと。日本で働く外国人材と、外国人材を活用する日本企業とを支援することがジンザイベースの仕事である。


南の島で少年とバレーボールをした日のことを今思い出すと、

「ずいぶん遠くへ来てしまったな」

と感じる。

今の自分は、キラキラした目で夢を語る人を前にしても、あのときのように感動することはできないからだ。

外国人材に関わってきて、あまりにもいろいろな経験をしすぎた。特に、嘘や裏切りをたくさん目にしてきた。


ビザを取ることだけが目的で、紹介した会社をあっという間に辞めてしまう外国人。

まったくできない仕事を自信満々で「できます」と言い切る外国人。

突然失踪する外国人。

結果、入管に捕まる外国人。

ケンカがエスカレートして刃傷沙汰を起こす外国人……。

そして、私は性悪説になった。

言っておくが、外国人対象の人材ビジネスで苦労した結果、「外国人は信用ならない」「あいつらはクソだ」と考えるレイシストや排外主義者になったわけではない。性悪説＝人の本性は悪であるという考え方になったのだ。人間全体に対する認識が変わったのである。それはこの本を読んでもらえばわかる。「ろくでもない外国人」の話も出てくるが、同じくらい「ろくでもない日本人」の話も出てくるから。

「外国人技能実習生が、奴隷のような扱いをされている」といったニュースをおそらく目にしたことがあるだろう。

問題が多く、とうとう廃止されることになった技能実習制度がいちばんわかりやすい例だが、外国人材を迎え入れる日本の制度、企業の意識にも問題は多い。人手不足はいよいよ深刻になっていき、ますます外国人材の重要性は高まっているのにもかかわらず。

そして、まだ多くの日本人は気づいていないが、外国人材もまた売り手市場になってきているにもかかわらず。

そう、もう「外国人なら採用できるだろう」という時代は終わったのだ。

人手不足をなんとかしたいなら、外国人に選ばれる企業になるしかない。それもこの本で伝えたいことの一つである。

そのためには何をすればいいいか。まずは、日本で働く、働こうとしている外国人たちについて知ることだ。

「ダイバーシティ」や「インクルージョン」は大事である。しかし、「心がきれいで親切な日本人が、心がきれいで努力家の外国人を職場に迎え入れる」みたいな綺麗事ですむことは少ない。ただの人間でしかない者同士が、ときにエゴをぶつけ合い、ときに騙しあい、ときには妥協したり協力したりもして、なんとかお互いにとってプラスになるやり方を見つけていくプロセスだ。

当然、そこには呆れるような珍事件も、入管やら警察やらが介入する洒落にならないトラブルもふんだんに発生する。当事者にとっては笑い事ではないが、とりあえず笑いながら読んでほしい。

その上で、本書では外国人材を導入した企業がどんな失敗をしがちか、どんな成功例があるのかも紹介しようと思っている。

外国人を雇用して、文化の違いでイライラすること、「ふざけるな」と怒りたくなることは当たり前にある。だからといって「外国人お断り」は論外だ。少子高齢化、人手不足の日本で、そんなことを言っていたら未来はない。

すでに外国人材と関わっている人、これから関わることになりそうな人、自分は今後も無縁だろうと今のところ思っている人。幅広いビジネスパーソンに本書を読んでいただければ幸いだ。

中村大介

令和6年12月

目次

第1章

コンビニだけじゃない！「日本人が嫌がる仕事」を支える外国人たち

第2章

日本人には理解不能？

外国人の文化、宗教、特殊事情

第3章

ぶっちゃけ、日本ってどうですか？

日本で働く外国人社員の本音

第4章

本当に恐ろしい

「不法就労」の話

第5章

外国人材はあなたの会社を救うのか？

売り手市場の中で外国人に選ばれるマネジメント

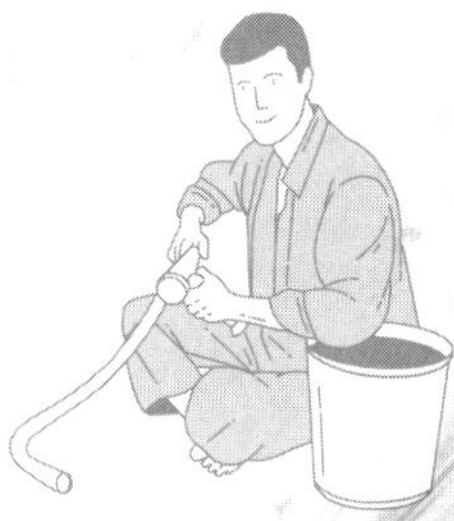

第1章

コンビニだけじゃない！

「日本人が嫌がる仕事」を支える外国人たち

入管に捕まった中国人が発した驚きのひと言

出入国在留管理庁、入管を訪れたことはあるだろうか。

ほとんどの人はないと思う。特に用はなくても行ってみると非日常感を味わえておもしろいかもしれない。

全国に8つある入管では、日本に滞在する外国人の管理を行っている。日本で生活し、働きたい外国人なら、入管と関わらないわけにはいかない。

だから、入管の窓口に行くと当然ながら外国人がたくさんいる。どんな有名ラーメン店にも負けないくらいの行列が、建物の外まで続いている。

最近だと、ネパールをはじめとする南アジア系の人が多い。風貌からしてあきらかに日本人とは違いがあるので、目立つということもあるのだろうが、それにしてもインド人やネパール人は多い。

どのくらいたくさんの人が集まっているかというと、スマホが繋がりにくいくらい。スタジアム級の会場でコンサートがあった後、最寄り駅までの道のりなどで時々起きる現象である。そのくらい人は多い。

「電波悪いな～」などと思いながらしばらくそこにいると、窓口とは別の方向に向かっていく外国人の流れに気づくはずだ。入管には不法滞在、不法就労でしょっ引かれた外国人の拘置施設もあるので、面会に訪れる家族もいるのだ。

ちなみに東京入管は、東海道新幹線が止まるＪＲ品川駅の西、運河を渡った先の、倉庫と物流センターばかりの殺風景な場所にある。「陸の孤島」と言いたいところだが、運河で隔てられているので普通に島である。地図で見ると日本史で習った長崎の「出島」のようにも見える。

品川駅から東京入管へはバスが出ている。それに乗っていって朝から行列になららび、窓口に申請書類を出すのは1日がかりの仕事になる。

東京入管には思い出がある。残念ながらいい思い出ではない。

技能実習生の受け入れに関わっていた頃に、失踪した中国人実習生がいた。

技能実習先には「奴隷労働」としか言いようのない悪質な職場もある。そうかと思えば、いたれりつくせりお客様対応で雇用する企業もある。また、技能実習から脱走して不法就労しようとする悪質な実習生もいる。いずれにしても失踪は決してめずらしいことではない。

こういう場合の処理はどうなるか。本来の実習期間が過ぎてしまえば、実習先の企業にも、受け入れをサポートする監理団体にもその後の対応が難しくなる。

ところが、今回はやっかいなことになった。この中国人実習生は、なんと期限が切れる前に警察に捕まったのである。

この場合、実習生の受け入れ手続きを担当した「監理団体」が、責任を持ってこの中国人を帰国させなければいけない。国外退去処分だ。

というわけで、入管から「迎えに来い」と連絡が来た。迎えに来て、その後は即、空港に連れて行って国外に追い出せというのだ。入管が強制送還してくれたりはしないのである。ちなみに送り返すための飛行機代は、受け入れていた企業の負担になる。


私は監理団体の職員として、この役割を引き受けることになってしまった。一応、入管にとっ捕まった男の「護送」なので、屈強とまでは言わないが、屈強よりのスタッフもほかに何人か連れて。

入管について収容所の入口で待っていると、やがて問題の中国人が連れてこられた。

びっくりしたのは、逃げないように取り巻いている入管職員たちの姿だ。

全員、防刃ベストやプロテクターで武装しているではないか。

そんなに危険な奴なのか？　こちらは屈強よりのメンバーを集めたとはいえ、T

シャツと短パンで来ちゃってるんですが……。

などと言うひまもなく、中国人を引き渡された。

幸いにも、中国人は別に危険な男ではなく、羽田空港までの道中は何事もなかった。

ただ、最悪だったのは搭乗を待つ間に放ったひと言だ。

「そういえば、まだもらってない給料がある！」

事実の可否は不明だが、失踪をまったく反省しておらず、権利の主張をしてきたのである。

その後は、空港のゲートを通って行く中国人の後ろ姿を撮影し（後で入管に報告するときに必要なのだ）、帰路についた。どっと疲れを感じた。

「働かせてください!」ベトナム人の熱意を信じた社長の悲劇

入管に捕まった外国人を空港まで護送する、という経験はなかなかないと思うが、外国人材と関わっていると、この種の「かんべんしてくれ」という事態に遭遇することはよくある。

日本で働く外国人は、厚生労働省によると、2023年10月末の段階で204万8000人あまり。前年比で22万人以上、増えている。もちろん過去最高で、今後減少する見込みはなく、増え続けている。

外国人が働いている業種というと、読者にとって身近なのは、おそらくコンビニや飲食店だろう。

実際、人手不足が深刻な飲食業界は外国人材に支えられている。日本人に不人気で、人が集まらないから外国人材に頼るしかないのだ。

そんな飲食業界でも、まったく求人案件がなくなってしまったことが最近あった。コロナ禍の時期である。外国人材を採用したいという企業は、都市部ではほぼ皆無。では、仕事にあぶれた外国人たちはどうしていたか。

仕事がある地方の企業、はっきり言えば外出自粛などの影響が少ない田舎の会社に全国各地から集まってきて働いていたのである。

社長みずから「すごい田舎です」という西日本のある田園地帯。そこで飲食チェーンのフランチャイズ店舗を複数展開している某社も、そんな企業のひとつだった。

そもそもこの地域では、コロナ以前から就労人口が減少しており、人手不足は深刻だった。

体力が必要な飲食店で働けるような若年人口は特に少ない。たまに雇うことができても、離職率は高い。

「どうせ日本人を雇ってもすぐ辞めてしまうなら、日本で何が何でも稼ぎたい、という外国人を雇うほうがいいのでは？」と社長は以前から考えていたという。

コロナ禍に入っても、都市部の飲食店に比べると客足への影響は少なかったし、テイクアウト利用が伸びたこともあり、人手不足は相変わらず。そこで、人材エージェントなどを通じて特定技能外国人材の募集をかけると、全国各地から応募があった。9割はベトナム人だ。

「なんとかしてここで働かせてください」

「一生懸命働きます」

「がんばります」

このように熱心に言うベトナム人たちにほだされ、社長は多数のベトナム人を受け入れることになった。それまで日本人だけでやってきた中、思い切った決断である。

ところが、である。

コロナ禍が落ち着いて、都市部の飲食店が元気を取り戻し始めたとたん、彼らはほぼ全員辞めてしまった。もちろん、賃金の高い大都市の職場に移っていったのだ。あんなに「一生懸命働きます」「働かせてください」と言っていたのに。

より賃金の高い、条件のいいほうに人が流れてしまっただけなら、仕方ないと思ったかもしれない。社長がショックを受けたのは、彼らが辞めていくときに嘘をついたことだった。

退職するとき、彼らが持ち出す理由は「実家の父親が倒れました」「母親が倒れました」「親戚が倒れました」の3択。絶対にこの3通りのどれかだった、という。

もちろん、だから嘘だという確証はないが、揃いも揃って同じような理由を持ち出されれば、嘘だと思わないほうがおかしい。

その後、彼らの「嘘」を裏付ける根拠も見つかった。

ベトナム人たちが一番よく使うSNSは、Ｆａｃｅｂｏｏｋである。日本で働くベトナム人たちは、Facebook上でグループを作って情報交換をしている。グループ内では、各自が給与明細をバンバンアップしている。「俺はこんなにもらっている」「いや俺のほうがもらっている」という競争、なのかどうかはわからない。

ただ、Facebookを見ているベトナム人たちが「もっといい条件で働いている同胞がいるんだ」と常に意識していることは確かだ。隣の芝は青い。「自分もそっちで働きたい」と思うのは当然である。

こうして転職を考え始めた者がいるかと思えば、アドバイスを投稿する者もいる。

「今の職場を辞めるなら、スムーズに退職できる言い回しがあってね」

もうおわかりだろう。「家族が倒れた」「実家で不幸があった」と言え、とアドバイスしているのだ。ごていねいに「日本人はその手のお涙頂戴に弱いから」という解説つきだったりする。ついでに、こうやって転職を後押しして、手数料的なものをせしめようとする輩もいる。

こうした事情まで知ってしまった社長が、心に深い傷を負ったのは言うまでもない。「もうベトナム人なんて信じられない！」と思った社長を、誰も責めることはできないと思う。

なぜ旅館の従業員は外国人だらけなのか——疑惑編

外国人の労働には法律による規制がある。外国人たちは、日本政府が定めた「在留資格」、ビザを持っていなくては就労できない。

就労できる在留資格はいくつもあって、それぞれ「どの程度働いていいか」が決まっている。

たとえば、日本の大学などに学びに来ている外国人は留学ビザを持っている。この場合は、基本は働くことができない。ただし、入管に申請して資格外活動許可というものを取得することによって、週28時間までなら働くことができる。

そもそも働くことを目的とした在留資格としては、たとえば「特定技能」があり、定められた分野であれば仕事ができる。羽田に護送した中国人が持っていた在留資格「技能実習」も、日本の技術を学びに来ているという建付けで、やはり限られた分野で働くことができるビザだ。なお、「特定技能」「技能実習」ともに、日本人が働きたがらない分野の人手不足を解消するために作られた制度であるのはご存じだろう。両者の最大の違いは転職できるかどうかだ。

コロナ禍が終わるとすぐに辞めてしまったベトナム人たちは、特定技能のビザを持っていたから転職できた。羽田空港から追い返された中国人は技能実習ビザなので、実習先を辞めたことで在留資格を失ったということになる。

ほかにも在留資格はたくさんあるのだが、一度に説明すると読む気をなくすだろうから、この後も少しずつ説明していくことにしよう。

大事なことは、外国人が日本で働けるのは、基本的に在留資格によって許されている範囲内だけだということ（さまざまな在留資格がある中で、日本人と同様にどんな職業でも働けるのは、身分系と言われる永住者やその配偶者など、かなり限定されている）。

日本人のように、どんな仕事でも選べるし、雇ってくれる職場ならどこでも働けるというわけではない。

……はずなのだが、最近、奇妙な現象によく遭遇する。

私は温泉が好きで、よく地方の温泉旅館に泊まる。

どこの旅館に行っても、部屋に布団を敷いたり、料理を運んだりといったサービスをしてくれる従業員は、ほぼ外国人（あるいはそう見える人たち）である。

というか、田舎の温泉旅館で、日本人スタッフのサービスを受けたことが最近ありますか？と読者に聞いてみたい。

「そういえば外国人ばかりだな」と思う人が多いのではないだろうか。

先日は箱根の高級旅館に泊まった。ちょうど当社の3期目が終わった節目で、ちょっと贅沢をしたのである。

山深い温泉宿ではなく、都心から便利なリゾート地箱根。それも高級旅館である。接客してくれる従業員の方に「謝謝」「サランヘヨ」なんて声をかけてみると、とてもうれしそうな反応が返ってきた。ここでもスタッフの主力は外国人だ。

箱根でも日本人スタッフを雇うことは難しいとなると、首都圏から離れた地方旅館はなおさらだ。サービススタッフから調理スタッフに至るまで、よほど年配のベテラン従業員以外はすべて外国人という体制は普通である。

宮古島に行ったときは、宿のスタッフがネパール人ばかりだったこともある。

それがどう問題なのか。

もちろん、私は「日本人の接客じゃなきゃ嫌だ」などと言いたいのではない。先ほどの在留資格の話を思い出してほしい。ビザによってどんな仕事をしていいかが決まる、という話だ。

（令和5年6月末時点）

	自動車整備分野	航空分野	宿泊分野	農業分野	漁業分野	飲食料品製造業分野	外食業分野
	2,210	342	293	20,882	2,148	53,282	8,842
	1,048	44	115	7,787	342	37,828	5,098
	194	5	37	5,330	1,694	4,503	518
	719	215	6	2,255	9	2,177	503
	13	4	16	1,808	101	4,015	464
	102	20	50	312	0	2,576	843
	27	0	2	1,889	0	757	61
	13	0	4	730	0	1,015	85
	3	22	26	437	0	123	721
	91	32	37	334	2	288	549

※出入国在留管理庁の資料をもとに作成

現在の制度だと、外国人が単純作業で働くことは一部の例外を除いて認められていない。旅館で寝具を整えたり、料理を運んだり、はまぎれもない単純作業だ。

これを外国人にやらせてもいい例外としては、先ほども言った特定技能がある。特定技能の12分野の中には「宿泊」がちゃんと含まれている。

「なら、特定技能ビザの人たちなんでしょ？　何が問題なの？」と思われるだろう。

主な国籍・地域別　特定産業分野別　特定技能1号在留外国人数

国籍・地域	総数	介護分野	ビルクリーニング分野	素形材・産業機械・電気電子情報関連製造業分野	建設分野	造船・船用工業分野
総数	173,089	21,915	2,728	35,641	18,429	6,377
ベトナム	97,485	7,092	1,377	23,072	12,613	1,069
インドネシア	25,337	5,229	433	4,929	1,586	879
フィリピン	17,660	2,812	268	3,313	1,857	3,526
中国	11,402	901	88	2,266	976	750
ミャンマー	8,016	2,877	296	577	340	23
カンボジア	3,659	218	74	120	502	9
タイ	3,499	173	28	1,153	179	119
ネパール	3,428	1,862	108	21	105	0
その他	2,603	751	56	190	271	2

実は、「宿泊」分野での特定技能の活用はとても遅れている。

データを見ても、この分野の外国人材は圧倒的に少ない。2023年6月末のデータで300人弱である（上の図参照）。

桁を間違えたわけではない。たった300人なのだ。

全国どこの旅館に泊まっても、接客してくれるのが外国人ばかり……という私の経験と、あきらかに整合しない。

なんなら宮古島の宿のネパール人だけで26人いましたけど、あれは何?という話である。

もちろん、特定技能以外の在留資格を持った外国人、という可能性もなくはない。たとえば日本人と結婚した外国人ならサービス業の現場でも働くことができる。近くの大学の留学生のアルバイトで、週28時間の制限内で働いているのかもしれない。ワーキングホリデーの方も多数いるでしょう。とはいえ、これは多数を占めることはない。やっぱり数が合わない。

では、私が全国の宿で出会ったたくさんの外国人たち、あの人たちはいったい……?

なぜ旅館の従業員は外国人だらけなのか——解決編

合理的に考えると、宿泊業の現場で働いている外国人たちの中には、何かしら嘘をついて、不法就労している人がかなり（控えめな表現である）いる、という推測が成り立ってしまう。

さらに推測を進めると、どんな「嘘」なのかも見当はつく。

「技人国」と呼ばれる在留資格がある。昔は一般的な「就労ビザ」と言われていたものだ。

「本邦の公私の機関との契約に基づいて行う理学、工学その他の自然科学の分野若しくは法律学、経済学、社会学その他の人文科学の分野に属する技術若しくは知識を要する業務又は外国の文化に基盤を有する思考若しくは感受性を必要とする業務に従事する活動（教授、芸術、報道、経営・管理、法律・会計業務、医療、研究、教育、企業内転勤、介護、興行の項に掲げる活動を除く。）」（抜粋）

という出入国在留管理庁の定義は非常にややこしいが、「該当例」として挙げられているものを見るとわかりやすい。

「機械工学等の技術者、通訳、デザイナー、私企業の語学教師、マーケティング業務従事者等」。ようするに、大卒や専門学校卒で専門知識を修めた人なら、その専門性と合致する頭脳労働をする限りで就労を認めますよ、ということだ。

オフィスワーカーなどが中心で、10年以上在留し、その他の要件を満たせば永住権も取得できる。「エリートホワイトカラーなら移民を認めます」という制度だと言うこともできる。

ちなみに、同じく専門性を活かして働いている外国人タレントやスポーツ選手といった人たちがいる。彼らも技人国ビザなのかというと、そうではない。彼らのためには「興行」というエンタメ系用の滞在資格が用意されている。

20世紀の終わりに一世を風靡したフィリピンパブのホステスたちは、パブでダンスを披露するダンサーという名目で、興行ビザで滞在していた。もちろん、実際には接客をするわけだから不法就労である。

「技人国」はエリートホワイトカラーのための制度だ。だから、技人国で在留している外国人が単純労働をするのはだめ、ということになる。

たとえば、中国からのインバウンド客が伸びている温泉旅館があるとする。「もっとサービスを向上させて、中国の富裕層を今以上にがんがん呼び込みたい」というので、大学の観光学科や日本語学科で学んだ中国人を通訳や中国語版ウェブサイトのディレクション担当として雇う。これはまさに「技人国」の典型例。なんの問題もない。

一方、そういうもっともらしい理由をつけて雇った外国人にベッドメイキングやら配膳やらの単純労働をさせているとしたら、これは違法である。

説明が長くなった。結論としては、おそらく温泉旅館で働いている外国人の何割かは、技人国ビザで不法就労しているのだろうと思われる。これが、「全国どこに行っても仲居さんは外国人ばかり」のからくりだ。

人手不足の業界を支える(？)外国人ブローカーからの営業電話

技人国ビザを悪用した不法就労という時点でヤバいのだが、宿泊業のクライアントの話を聞いていると、もっと雑でヤバい話が出てくる。

「うちの旅館で働いている外国人？　派遣で送り込まれてくるんだよ」と平然と言うのだ。

平然と、なのは、旅館側は不法就労の片棒を担いでいるという意識はないからだ。

派遣会社の言うままに、送り込まれてくる外国人がどんなビザを持っているのかも知らずに使っている、ということだ。

派遣会社はすべてをわかった上で「大丈夫ですよ」とか言っているのだろう。まだある。

宿泊業のクライアントに外国人材の活用を提案させてもらう(当然ながらジンザイベースで扱っているのは適法な就労だけである)と、あまり反応が芳しくないことがある。「高い」というのだ。

「うちより紹介料が安い同業他社を使っているのかな?」と思って話を聞くと、国際電話で外国人から売り込みがあるのだという。「僕らの国の人材を雇いませんか」と。しかも紹介料は取らない。タダだ。

企業側としては、在留資格について知識がないので違法とは思わないし、安上がりだし、「紹介料いらないの? じゃ、これでいいや」と受け入れてしまうわけだ。

調べてみると、この手の海外のエージェント(ブローカーと言ったほうがふさわしいと思う）が無料で人材を紹介できるのは、求職者から100万円くらいの手数料を取っているからだそうだ。

我々にとっては「またこれか」と思わされるビジネスモデルだ。

母国から人材を送り出す業者が、求職者から多額の金を取る。結果としてしばしば求職者が借金を背負って日本に来る、という構造は外国人材市場の至るところで現れ、弊害を撒き散らしている。どんな弊害なのか、それに対して我々ジンザイベースが提案しているのはどんなやり方なのかについては後の章で説明する。

私たちが温泉旅館で出会う外国人サービススタッフのまわりには、あやしげな連中が暗躍している。

多くの場合、受け入れる宿泊施設側は知らず知らず（あるいは面倒なことはあえて知らないようにして）犯罪の片棒を担いでしまっている。そんな事例が全国的に浸透しているのだ。

ルールに則った制度である特定技能の宿泊分野が活用されていない背景にはこんな事情があるのだろう。外国人材に関する「宿泊業界の闇」だ。

突然、連絡が取れなくなったと思ったら……

残念ながら、同じようなことはほかの業界でも起きている。
最近、話をうかがった都内の飲食店では、あるバングラデシュ人が同国人を無料で紹介してくれるので何人も雇っているという。このバングラデシュ人ブローカーは求職者からけっこうな大金を取っているようだ。これも技人国ビザでの不法就労である。

ややこしいのは、「技人国」でも単純作業は完全に禁止されているわけではないことだ。本来の仕事に関連して、他部門の仕事を手伝うことはどんな職場でも普通にあるだろう。インバウンド向けのマーケティング担当の外国人が、忙しいときにちょっとベッドメイキングを手伝った瞬間「不法就労です」というほど杓子定規な判断を入管もしているわけではない。

ただ、「飲食チェーンで人事を担当してもらいます」と在留許可をとって、実は毎日店舗でホールスタッフをしている、といったパターンは間違いなくだめということ。

この間違いなくだめなパターンがいくらでも見られるから困るのだ。

企業の担当者からこういう働き方をさせていると聞かされたとき、こちらとしては「それ、アウトですよ」とお伝えはする。それしかできない。「闇」の部分から撤退するかどうかは企業の判断である。

ただ、実際には「在留資格で認められていない仕事をさせるのは違法ですよ」「技人国の外国人に単純作業をさせてはだめですよ」という話をしても、なかなか響かない人は多い。

そういう人のためにもっとはっきり言うと、それは「不法就労助長罪」という犯罪になる。

「事業活動に関し、外国人に不法就労活動をさせた者」は、「罪三年以下の懲役若しくは三百万円以下の罰金に処し、又はこれを併科する」とちゃんと入管法に書いてある。いや、書いてあった。最近の法改正で、営利目的があれば懲役は3年以下から5年以下に、罰金は300万円以下から500万円以下に厳罰化されたからである。

ちなみに、わかっていて不法就労させたのでなく、「事情を知らずに働かせてしまっただけなんです」という場合もアウトである。

罰則が強化されたということは、悪質な例が後を絶たないということだ。

ジンザイベースには飲食業のクライアントも多い。ありがたいことにご紹介もいただいて、全国各地の飲食店を支援させてもらっている。

先日も、ある飲料メーカーから紹介していただいた飲食チェーンとの話が進み、求職者を紹介して面接まで決まっていたのに、急に担当者と連絡が取れなくなった。どうしたのかな?と思っていたら、ネットニュースにその会社の名前が出ていた、ということもしばしばある。

そのようなニュースがもっと頻繁に報じられるようになり、「それ、犯罪ですよ」「逮捕されますよ」ということが周知されるようになれば状況は変わっていくのかもしれないが、今のところは甘く見ている人が多い印象だ。

円安でも外国人材が増え続ける理由——世界一永住資格が取りやすい国、日本

ここまでの話で、「正直なところ、外国人材にネガティブな印象を持ってしまった」という人もいるだろう。「面倒なことになりそうだから、なるべく関わりたく

ないな」と思ったかもしれない。

だが、外国人材に頼らずには日本経済は成り立たない。これは断言していい。そして、政府はそれをわかっているから、ますます「外国人材ウェルカム」な姿勢になっている。

とはいえ、円安が加速するなかで、日本の地位はこれまで以上に低下している。海外で働こうとするアジア人の間でも、韓国やオーストラリアのほうがはるかに人気がある。日本人がワーキングホリデーでオーストラリアに行くと、それなりの貯金ができるという時代だ。お金を稼ぐだけなら、日本に来るのはいい選択ではない。

では、なぜ日本に来るのか。

一番大きな理由は、外国人が永住資格を取りやすい国だから。日本は外国人にとってもっとも永住資格を取りやすい国である、と言ってしまってもいいくらいだ。

外国人に永住資格を与えるにあたっては、諸外国では厳しい制限を設けている。スポーツ選手のような特殊な技能がある人、あるいは巨額の資産を持っている人でもない限りは、基本的に高学歴で専門性の高いスキルを持っていること、つまりエリートホワイトカラーであることが条件になる。

一方、日本の現在の制度はどうなっているか。

まず、外国人が日本で働くための在留資格として特定技能1号がある。これは永住資格ではなく、期間のある在留資格だが、学歴要件はない。基本的に業種ごとの筆記試験の合格と、日本語検定4級以上を取得次第、特定技能1号にはなれる。

問題はその後だ。特定技能には2号もある。特定技能2号にレベルアップするためには、1号である程度働いて、経験を積む必要がある。これについては勤務先での実務が概ね2年以上店舗管理の補助（副店長やサブマネージャー）として働いた経験が必要になる。

実務経験がOKとなったら、また試験がある。これは1号に比べればかなり難しいことは難しい。

晴れて試験に合格して、（外食業に限り）日本語検定試験もN3以上を取得すれば、特定技能2号になることができる。

すると、実質的な永住資格が手に入るのだ。家族を呼び寄せて一緒に住むこともできる。

繰り返すが、世界各国の永住資格認定制度は「エリート以外は来ないでくれ」という露骨な意図むき出しなのが普通である。試験一発勝負で合格すれば誰でも永住資格をあげますよ、家族も呼べますよ……という画期的な制度を導入している国は、私の知る限りでは日本だけだ。

欧米に比べて日本は移民の受け入れが遅れていると言われることがある。悪名高い牛久入管収容所のニュースなどを見て「日本は外国人に厳しい国だ」といったイメージを持っている人はいまだに多いだろう。たしかにそういう面はある。同時に、世界にも稀な「緩い」永住資格認定制度を持つ国、それが日本なのである。

これが、外国人にとっては魅力的であることは言うまでもない。

日本以外の国で働いても、まず永住資格は取れないし、家族も呼べない非エリート層が圧倒的多数なのだから。

内戦中のミャンマーのように、母国に帰ると安全が保証されない現状にある人なら、なおさらありがたいだろう。

真面目に働いて試験に受かれば、安全で、インフラも整備されていて、兵役もないこの国で家族と一緒に住めるのだから（実際、ミャンマー人から話を聞くと、帰国したら、召集令状が届いて2年間軍にぶち込まれるおそれがあるという）。

もちろん、日本で働く外国人がみな永住を目指しているわけではない。出稼ぎ気分で日本に来て、「思ったより稼げないし、やっぱり韓国に行こう」みたいな人も多い。ただ、日本に滞在しながら難民申請を繰り返している人々も含めて、日本以外では取れない永住資格を目的にしている層がかなりいることは事実だ。

この現状が、日本にとっていいことなのか悪いことなのかは簡単には結論を出せない。

国のあり方についてはさまざまな価値観があるだろうし、どの立場から見るかによっても意見は変わるだろう。

確実に言えることは、人手不足の業界、はっきり言えば「日本人が嫌がる仕事」をする人材確保に苦労している業界にとっては、理由はどうあれ外国人材が日本に来てくれるのはウェルカムだということだ。


外国人受け入れ、人手不足で6割以上が積極的　首長調査

日本経済新聞社が実施した全国首長アンケートで、外国人労働者の受け入れに首長が積極姿勢を示していることがわかった。人手不足を背景に6割以上が自らの地域で「受け入れたい」と回答。6年前に実施した調査で3割前後にとどまっていた職種別の受け入れ意向が今回は6～7割に増えた。

2023年10～11月に47都道府県知事と815市区長に人口減の現状と対策についてアンケート方式で調査した。知事全員と690市区長から回答を得た。

（2024年2月25日　日経グローカル）

これは全国の首長に対するアンケート結果だ。ここ数年で「外国人材ウェルカム」の割合が激増したことがわかる。

さまざまな意見はある。とはいえ「もう外国人材、受け入れざるをえないよね」という全体的なコンセンサスは取れてきている。これが現実である。

技能実習制度を悪用する日本人、モンスター化する外国人

外国人材に関わる政策でいうと、技能実習にも大きな変化があった。この制度は間もなく廃止され、「育成就労」制度に生まれ変わることが決定している。

旧制度の技能実習と、新しく始まる育成就労。決定的な違いは、転職ができるかどうかだ。

技能実習制度の最大の「メリット」と言われて来たのが、どんなに田舎の企業で

あっても、いかに過酷なブラック企業であっても、実習生は転職できないという仕組みだった。労働者ではなく、技術を勉強しに来ているのだから「転職」も何もないでしょ?という理屈である。

もちろん、これがメリットなのは受け入れる企業にとっての話で、実習生にはデメリットでしかない。

「どれだけブラックな環境で働かせても、どうせこいつらは辞められないんだから」と調子に乗って、実習生を奴隷のように働かせた悪質な企業もあった。当然ながら大問題になる。報道などで知っている人も多いだろう。

奴隷のような扱いをされた実習生も黙って我慢しているわけはない。転職することはできないから、脱走する者も出てくる。さらに問題は大きくなった。私も脱走した中国人を護送する羽目になった。

こうした問題を踏まえて、制度が変わることになった。当然「育成就労においては転職ができるようにしよう」という話になるわけだが、ことは簡単には進まなかった。

それはそうだろう。転職が可能になって、せっかく育てた人材が給料の高い大都市に流出してしまう地方企業はたまらない。

当然、国会審議では地方の利益を代弁する議員たちが反対に回る。そうは言っても労働者の権利である転職を頭から否定するわけにもいかない。議論は二転三転し、「たぶん玉虫色の結論になるのだろうな」と思っていたら、「1~2年の就労期間や技能水準などの要件を満たせば、同じ職種に限って転職OK」という、まさに玉虫色の結論に落ち着いた。

技能実習制度を悪用して「奴隷労働」と言われるような働かせ方をした経営者がいる一方で、実習生を迎え入れた中には良い会社ももちろんあった。

だが、親切な社長がいたおかげで「モンスター化」した外国人材も少なからずいたと私は考えている。

かつての経済大国時代の思い上がりが残っているのか、「貧しい国から豊かな日本にやってくる外国人」「お父さん、お母さんに楽をさせるためにがんばっている感心な若者たち」という、一見好意的なようで実は上から目線な態度で技能実習生を見る経営者は多かった。

ただ、こういう社長はおうおうにして「そんな彼らのために家を用意してあげよう（ここまでは技能実習生を導入するなら当然の義務）、ついでに水道光熱費も会社で負担しよう」といった親切心を発揮する。しばらくすると、とんでもない額の電気料金の請求が届くようになる。

技能実習生たちは寮にいない時間もふくめて24時間、エアコンをつけっぱなしにしてしまうのだ。「どうせタダだから」と。

ある北国の企業では、「このあたりでは冬場はみんな石油ストーブを使うんだよ」と言い聞かせても技能実習生たちは「エアコンがいい」と言い張り、しかたなく聞き入れた。やっぱり後日、「業務用エアコン使ってんのか？」というレベルの電気代を請求されることになったケースもあった。

こういう出来事を通じて、受け入れる日本人も素朴な善意を修正して、性悪説で外国人材に対処するようになっていくわけだ。

これは残念なことのようでもあるが、日本人が「かわいそう」「貧しいのにがんばっている」といった上から目線を捨て、対等な目線で外国人材に向き合うようになっていったということでもある。

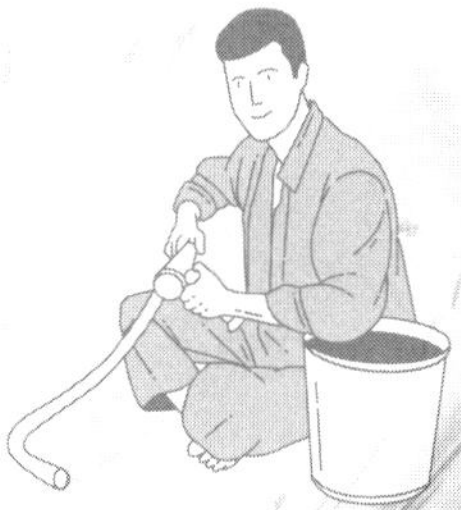

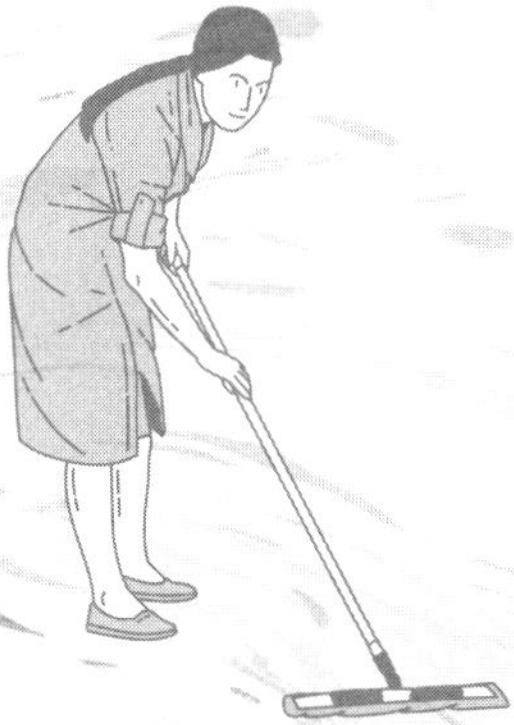

第2章

日本人には理解不能？

外国人の文化、宗教、特殊事情

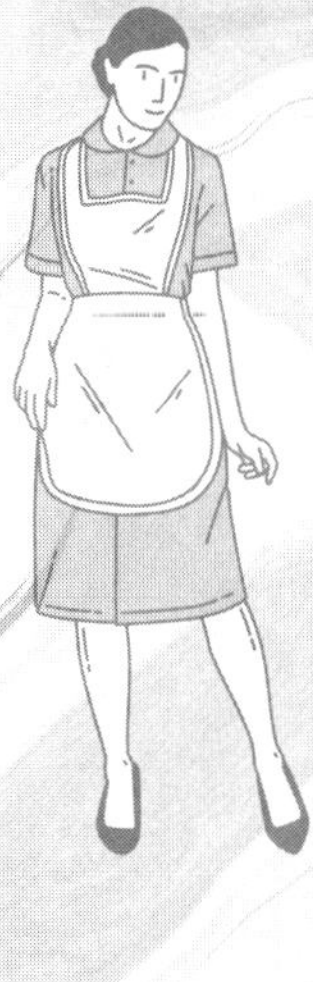

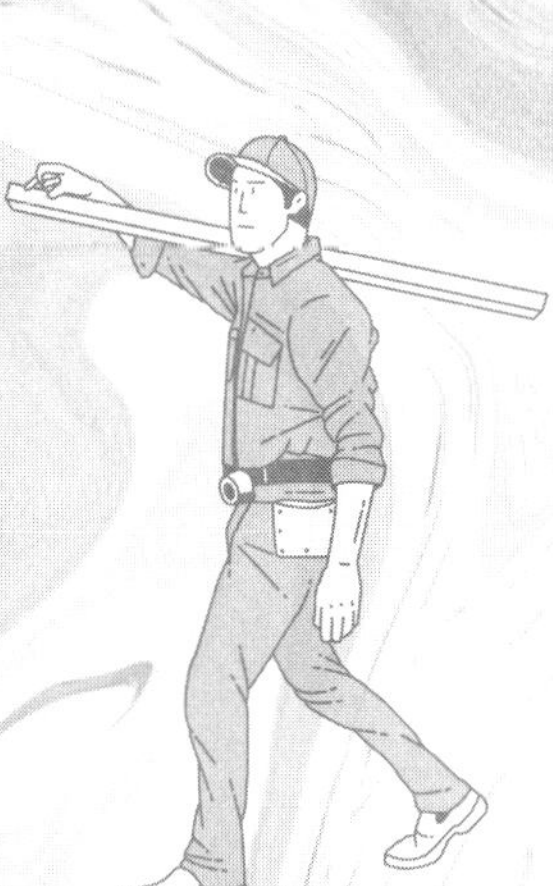

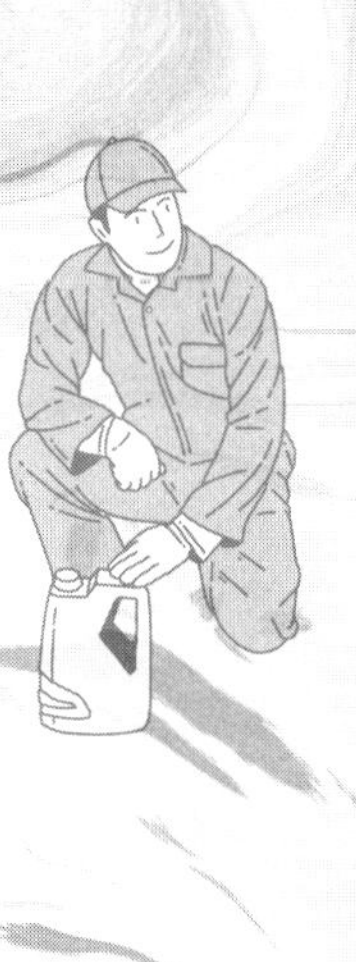

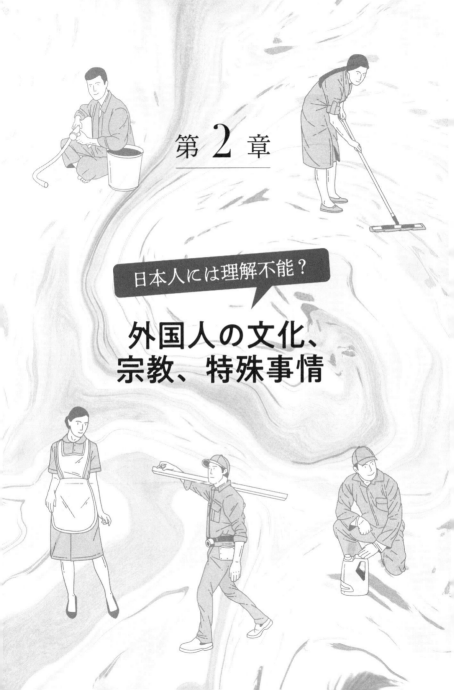

「暑い国」から来た人々のキャリア観

現在、日本で働いている外国人の数を国籍別に見ると、※ベスト3はベトナム、中国、フィリピンである。対前年増加率が大きい主な3カ国は、インドネシア、ミャンマー、ネパールとなっている。

※厚生労働省「外国人雇用状況」の届出状況【概要版】（令和5年10月末時点）

ベトナム人が50万人を超えており、前年対比の増加率ではインドネシアにその座を譲ったが、２０２０年以後、首位が続いている。

今後もマクロ経済状況によって変動はあるだろうが、すでに多くの同胞が日本で働いていることも含め、ある意味で「一番行きやすいのは日本」という認識はあるようだ。

それに加えて、試験に合格して雇ってくれる企業があれば単純労働でも働ける、永住も認められる特定技能制度は、世界でも類を見ないほどハードルが低い。すでに言ったように「エリートだったら来てくれても構わない」くらいが諸外国のスタンダードである。

特定技能にしても技能実習にしても、その代替となる育成就労制度にしても、共通しているのは日本人に不人気な業種を対象にしている。そこに外国人材を呼ぶのが目的だ。

とはいえ、その中でも、外国人に好まれる業種はある。

一番人気は食品製造だ。理由は「楽だから」という声が多い。もちろん企業によって仕事の質は違うだろうが、一般的には「何も考えずにラインに立って単純作業をすればいい」と思われている。春夏秋冬を通じてエアコンが効いた屋内での作業が中心。仕事量もある程度固定されている。だから楽、というイメージがあるようだ。

コロナ禍以降はもうひとつ、人気の理由が増えた。

パンデミック下で多くの職種が休業を強いられるなかで、食品を工場でつくる仕事はあまり影響を受けなかった、それどころか仕事が増えることさえあった。稼ぎに来ているわけだから、何かあったら仕事が減って稼げなくなるかもしれない、では困る。そんな理由もあって食品製造は人気だ。

ただし、ここまで読んでもらえばわかるように、食品製造を選ぶ人の志向は「楽」とか「安定」とかいった要素に傾いている。意欲的にスキルアップを目指す人、有能な人が選ぶ職種ではないとも言える。

「技人国のような専門職ならともかく、育成就労や特定技能で日本に来る人材は、そもそもどの程度スキルアップなんて考えているの？」と疑問を持つ人もいるだろう。ただただジャパンマネーを稼ぐために来ている人が大多数なのでは？と。

たしかに、かつてはそういう人が多かった。なぜなら、滞在できる年限が決められていて、長く日本にいることはできなかったから。

面接のときには「日本で技術を学んで、母国に帰ったら同じ仕事をやっていきたい」と日本人が喜びそうなことを言うのだが、本音はお金を貯めて両親のために家を建てるとか、あるいはまったく関係のない商売をはじめる元手にするとかが目的。このパターンが圧倒的多数派だった。

ところが、日本経済が順調に停滞を続けているうちに、稼ぐだけならオーストラリアや韓国のほうが魅力的になってきた。

その上、日本では特定技能2号という制度ができて、風向きが変わった。稼ぐことだけが目的でない人材の割合が増えたのだ。

ちゃんと実務経験を積んで、試験に合格して2号になれば家族も呼べるし、平和で便利な日本に一生住むことができる。だったら腰を据えてスキルアップ、キャリア形成を目指そう……という人も増えてきている。現状では「出稼ぎ」志向派と

「スキルアップ」志向派とで外国人材は二分されていると言っていいと思う。

とはいうものの、キャリア形成についての考え方では日本人と外国人材にはそもそも温度差があることも理解しておいてほしい。

ここで言う外国人材とは、現在マジョリティである東南アジア、そして増えつつある南アジアから来た人々のことである。彼らは「暑い国」の出身だ。

長期的にキャリア形成を計画して、今やるべきことをする。これは「寒い国」の人間の発想である。冬に備えておかないと死ぬからだ。

日本は南北に長い島国で気候の地域差がそこそこあるが、国土の大部分は「冬に外で寝たら死ぬ」程度には「寒い国」である。私たちには「寒い国」の人間の発想が染み込んでいる。

「暑い国」に育った人間には、そこまで長期的で計画的な生き方をしなくても生きていける、という発想が染み込んでいる。だから、全体的に見れば場当たり的な思考をする傾向がある。

ジンザイベースで働く「暑い国」の出身者たちを見てもそう思う。彼らは日本で言えば東大のような、各国でトップクラスの学歴を持つインテリばかりだ。

当然、資本主義を育てた「寒い国々」、欧米的な考え方にも馴染んでいるエリートである。それでも、平凡な日本人に過ぎない私たちから見ても驚くぐらい場当たり的な発想をすることがある。

これは優劣の問題ではない。文化の違いだ。

それを踏まえた上で、やはり技人国よりは特定技能や育成就労、業種でいえばブルーカラーの業種で働く人のほうが「暑い国」の感性が強いという傾向はある。

長期的なキャリア形成という考え方は薄いとしても、そのかわり「家族のため」という動機を当たり前に持っている人は多い。「田舎の両親に家を建ててやりたい」と考えて働いている日本人は今や珍種だが、私がこれまで接してきた外国人では普通である。

日本人とは「違うがんばる理由」を持っているのが外国人材なのだ。

「日本時間」を守らないのは当たり前

日本人が嫌がる仕事で、求人をかけても日本人が集まらないから外国人を入れる。これが日本における外国人材導入の出発点であることは間違いない。

だが、私はこう考えている。「日本人が十分集まっている会社ほど、外国人を採用するべきだ」と。

なぜなら、たとえば月給30万円で働いてくれる日本人と外国人を比べた場合、後者のほうが明らかにハイスペックだからだ。

ジンザイベースで働いている外国人社員たちは各国の最高学府を卒業したエリートばかりで、3カ国語、4カ国語を当たり前に使いこなす。

仕事の内容が「日本人じゃないと絶対にできない」というのなら仕方ない。本書の編集者は「そういえば我々が働いているマスコミって、グローバル化とかダイバーシティとかを訴えている割には、ほぼ外国人材を入れてませんよね」と言っていた。

門外漢の私には判断できないが、日本語の本をつくる、新聞を出すといった業種は、もしかすると日本人でないと難しいのかもしれない。そういう特殊な領域でない限りは、積極的にダイバーシティ化を推進していったほうがいい。ビジネス環境の変化に先んじることができるはずだ。

とはいえ、育ってきた文化が異なる人材とともに働くのは、相当イライラすることは確かだ。それは覚悟しておいたほうがいい。

もっともわかりやすいのは時間に対する感覚だ。

たとえば、「9時に始業です」と言われたら9時に出社してくるのは外国人なら当たり前だ。日本人のように5分前には職場にいることを外国人材に期待してはいけない。そうしてほしければゼロから教えていくしかない。

これは、当社の会議でもよく起きる。リモートワークが基本なのでＺｏｏｍ会議だが。

13時30分に会議を始めるとする。「5分前にはＺｏｏｍに入っているように」と言ってはあるのだが、まず5分前に入ってくる外国人社員はいない。むしろ2分くらい遅れてくる。「何してたの？」と聞くと悪びれもせず「電話していて」などと言う。

電話をしていてＺｏｏｍに入れないならＳｌａｃｋで「遅れます」とひとこと連絡するとか、あるだろう……というのが日本人の考えだ。外国人には通用しない。仕方ないので13時30分に会議を始めたい場合には13時25分を開始時間に設定したりする。

こういう対策はクライアントの企業でもよく聞く。外国人材に慣れている会社は、たとえば就業初日の始業時間が10時だとしたら、「9時45分には来るように伝えてください」と念を押す。

外国人たちも、必ずしも日本人の時間に関する感覚を理解していないわけではない。こちらも指導するし、働き始めた当初は「日本時間」で行動してくれる人も、実はけっこう多い。

そんな人でも、ほとんどの場合は慣れてくると「母国時間」に戻っていってしまうのが普通だ。だから繰り返し指導する必要がある。

こうした傾向は、ベトナム人でも、インドネシア人でも、ミャンマー人でも、ネパール人でも、あまり変わらないようだ。時間感覚については、「日本時間」が世界でもマイノリティなのだろう。

社長が外国人材に「ふざけんなよ」と思うとき

時間にルーズということは、日本人よりはおおらかな感覚で働いているのかな?

と思うと、そうとも言い切れない。

彼らは権利主張に関しては非常にシビアだ。

国外退去処分にされる寸前に家族手当を請求しようとした中国人の話をした。あれはそのもっともわかりやすい例だ。

単に主張が強いだけでなく、自分の権利についてはしっかり持っている。首都圏のハローワークだと、失業保険をもらうために並んでいる長蛇の列が外国人ばかり、という光景もめずらしくない。


有給休暇を取るとき、外国人は「取りたいときは早めに伝えておく」といった配慮はしない。「明日、有給を取りたい」といきなり言う。理由を聞くと「友だちと遊びに行く」と堂々と答えたりする。

たしかに有給休暇は労働者の権利だし理由の制限もないが「気をつかうのが普通」だと思っている同僚の日本人たちからすれば気に食わない。職場における摩擦の原因になることもある。もちろん、育休、産休なども外国人はきっちり取得する。

私も経営者の一人として、社員の権利を侵害するつもりはない。とはいえ、感情まではコントロールできない。時々「ふざけんなよ」と思ってしまうことはある。特に勘弁してほしいのは、厚生年金である。

ほとんどの日本人は知らないことだと思うが、厚生年金は5年まで積み立てができ、それ以降は掛け捨てになる。日本人は年金をもらうので掛け捨てという概念はないが、いずれ母国に帰る人たちにとっては、掛け捨ては丸損である。

合理的な対策は、5年勤めたら会社を辞めることだ。だから外国人は、あえて断言するが、絶対に5年で辞める。「間違いなく」と言っていいほど例外は少ない。

辞めると、今まで労使折半で納めていた厚生年金を一時金として丸ごともらえる(だいたい100万円くらいになる)。このルールは、日本で働く外国人は全員知っていると思っていい。

せっかく育ててきた人材なのに、5年間働いたら辞めてしまう。しかも、労使折半で払っていた厚生年金をもらって。「ふざけるな」と思ってしまうのも無理はない(と理解していただけるとありがたい)。

大事なことは、「ふざけるな」と言っていてもなんのプラスにもならないことだ。どうすれば5年で辞めてしまう外国人を止められるか。

すでに対策を始めている会社もある。

コンビニの弁当などを製造しているある企業では、5年で退職したい外国人材のために、いったん退職扱いにして帰国させ（帰国しないと一時金はもらえない）、再入国してもらって改めて雇用するという仕組みを推進している。現行の制度を前提にする限り、これが最適な解決策だろう。

外国人を雇って、ともに働くとすれば文化の違いでイライラすることは避けられない。「ふざけるな」と思うこともあるだろう。

ネガティブな感情を持ってしまうこと自体、悪いことだと思う必要はない。文化摩擦とはそういうものだ。

ただ、「ふざけるな」と思ったからといって「だから外国人お断り」でやっていける未来は100%、ない。DXをどんなに推進しようと、この国の人手不足を完全に埋めることはできない。イライラや「ふざけるな」を乗り越えて、外国人材と一緒に働いていく道を模索するしかないのだ。

外国人の退職理由が99％同じなわけ

外国人の退職理由は、みんな驚くほど似通っている。というより、体感では90％以上が2つのパターンに集中している。

①親および親族が体調不良
②結婚する

圧倒的に多いのは①だ。親が病気で倒れたので帰らないといけないと言われて

「それは困る、帰らないでくれ」と言える経営者はまずいないだろう。

女性に多いのが②である。「結婚することになったので帰る」「そろそろ帰ってきて見合いをしろと親に言われた」といった感じ。実際、アジア各国では「結婚適齢期」的な考え方は日本よりも厳しいようではある。

親の体調不良もお見合いも、もちろんありえることだとは思う。ただ、みんながみんな同じ退職理由ばかりを挙げてくるから、これらは「外国人材にありがちな嘘」だとわかってくる。「日本でスムーズに退職するためにはこう言え！」的なTipsが共有されている事実もあるし。

外国人を雇いたい、という会社から相談がくる。見たことのある会社だなと思ってしばらく考えて「そういえば、ここを辞めた求職者が前にうちに来たぞ」と思い出す。訪問して「今まで辞めていった方は、どんな理由でした？」と聞くと、人の良さそうな社長が「そうですねえ、親御さんが体調不良になってしまった方がいまして」と答える。そんなことは日常茶飯事なのである。

先日は、①と②の合わせ技も体験した。

ある女性が「結婚するので帰国します」というので、「6月末に退職ということにしましょう」と決まった。

それからしばらくして（おそらく早く帰国したくなったのだろう）、彼女は急に「お父さんの体調が悪くなったから5月末で退職したい」と言い出したのである。1カ月くらい我慢してくれ。

嘘をつかれるのは困ったものだ。ただ、あえて弁護するとすれば、彼らなりに日本人向けにローカライズした辞め方をしているのだとは思う。日本人は退職するときでもなるべく波風を立てないようにする。その文化を彼らなりに理解した上で、「日本人が一番文句を言わない退職理由」を提示しているのだろう。

ただ、やり方はもう少し工夫してほしい。いくらなんでも理由が2パターンだけなのはどうなんだと正直思う。

家族への仕送りは当たり前

技能実習制度では、実習生を送り出す現地の団体・企業（送出機関と呼ばれる）が、実習生から１００万円くらいのお金をもらうのが普通である。もちろん、払う側からしたら大変な出費だ。

だから、日本に来る技能実習生たちは借金まみれなことが普通だ。私の知っているある技能実習生は、借金が１３０万円ある状態で日本に来た。

彼女の手取りはせいぜい15万円程度。生活費は極度に切り詰めて、３～４万円に抑える。残りを全部貯めると3年で３６０万円。借金を返しても２００万円以上のお金が残る。

彼女が特別だったわけではなく、だいたい１００万円の借金をして日本に来て、

3年で200~300万円を貯めるというのは技能実習生だと普通のことだ。

別のある技能実習生も、例によって100万円ほどの借金を抱えて日本に来た。ギリギリの生活で毎月10万円以上を浮かせて借金を返済。2年目からはようやく貯金に回すことができるようになった。貯金といっても、親の口座に送金するのだが。

こうして3年の実習期間が過ぎ、彼は帰国した。200万円相当のお金を貯めたという達成感とともに。

しかし、帰ってみると親の口座の残高はゼロだった。

そのかわりに、懐かしい我が家は見る影もないほど大きく、豪華に建て替えられていた。


2010年代の後半、私がまだ技能実習生の受け入れを仕事の中心にしていた頃には、こんな話はよく聞いた。

実際、ベトナムの田舎にいくと、のどかな田園風景のなかに1軒だけポツンと豪邸が建っている。話を聞くと、子どもが日本へ働きに行って建てた家だったというパターンは多いらしい。

親が子どもの教育費に悩み、成人してからも家を建てる頭金を出してやったりする日本とは逆で、子どもが親にお金を渡すという文化はアジア圏全体にある。だからこそ子どもをたくさん産むということもあるのだろう。

もちろん、子どもが常に喜んでお金を渡している場合ばかりではなく、帰国して口座を見て唖然とする「悲劇」も時々起きるわけだ。

家族が最優先――「一時帰国」の不安

とにかく家族を最優先する。これは外国人材について絶対に忘れてはいけないポイントだ。

あるインドネシア人を食品メーカーに紹介して無事内定となった。ビザの申請手続きも済ませ、許可を待つ段階で本人は一時帰国した。面接のときから「結婚するので、式を挙げるために一時帰国したい」と言っていたのである。

しばらくしてインドネシアから連絡があった。「自分の親も結婚相手の親も日本に戻らないでくれと言っているので、辞退します」と。

もちろん、内定を出した企業は激怒である。

正直なところ、「親が戻らないでくれと言っている」という話が本当かどうかはわからない。すでにご存じのように、「親が倒れた」などの怪しい理由で退職する外国人は多いからだ。

だが、実際のところ、彼らが家族をとても大事にしているのもまた事実なのである。しかも「家族」の範囲が我々日本人の感覚よりもかなり広い。

本当に親が倒れたら帰国するのはもちろん、倒れるまでいかなくても親が病気なら帰るのは普通である。親でなく、祖父母の病気でも帰る。倒れたのが親戚のおじさんやおばさんでも帰る人は帰る。

また、冠婚葬祭は全般に大事にしていて、兄弟はもちろん、いとこの冠婚葬祭でも帰って出席する人は少なくない。

そう考えると、本当に両親や義両親に「こっちで働いてくれよ」と言われたとしたら、したがうのはなんの不思議もないのである。

我が社も含めて、外国人材の活用に慣れている企業は、こういうことがよくわかっている。

だから、何らかの事情で外国人が「一時帰国したい」と言ってきたときには神経質になる。もちろん止める権利はないのでどうしようもないのだが。万一戻ってこなかった場合のことも考えながら待つしかない。


一時帰国といえば、国ごとの暦や信仰による「帰省シーズン」もある。

たとえば、ベトナム人なら旧正月の2月に長期休暇を希望する人が多い。

インドネシア人なら、バリ島出身者はヒンドゥー教を信仰している人が多い。10月末から11月にかけてはヒンドゥー教の大きなお祭りがあるので、この前後に休暇をとって帰国する。

バリ島以外のインドネシア人ではイスラム教徒が多数派だ。彼らはラマダン（断食）の時期に帰国しないまでも休みたいと言ったりする。

たしかに、夜明けから日没まで食事ができないので、建設業など体力を使う仕事だと安全上の配慮は必要だろう。

ちなみに当社はフルリモートだからか、イスラム教徒の社員でもラマダン休暇を申し出た例はまだない。ただ「ラマダンなので体力が……」とか「仕事がはかどらない」とかは言っているようだ。

タイ人やミャンマー人は、「水かけ祭り」シーズンの4月に帰国する人が多い。

全体に共通するのは、短くても2週間ほどの休みを希望すること。その上、有給休暇を使ったり、さらには給料を減らしてでも、最大で1カ月くらい休みたがる人もけっこういる。

そんなに休んでどうするのか、というのは愚問だ。家族と一緒に過ごすのである。

ベトナム人と親しくなって実家に招かれた当社の社員によると、帰省シーズンには国内外へ出稼ぎに行っている親戚一同がみな帰って来るという。

休暇中は親類の家々を回り、ひたすらみんなで飲んだり食べたりして過ごすそうだ。やっぱり家族が一番大事なのである。

ジンザイベースで働いているある外国人社員は、先日休暇から戻ってきて、上司（日本人）にこう言ったそうだ。「休暇中に、もう戻ってくるのをやめようと思いましたよ」。と言いつつ、ちゃんと戻って来てはくれたのだが。

もしも自分が遠い外国で働くとしたら……と想像すると、一時帰国したときに「もう戻りたくない」と思う気持ちは理解できる。

だからこそ、外国人材の一時帰国は、雇う側としては心配なイベントでもあるのだ。

「月給」を理解していない?

東南アジア各国も経済成長がいちじるしいから、現在だとここまでの「ジャパニーズ・ドリーム」はないだろう。

日本以外のアジアの国々では順調に経済成長していて、貨幣価値の差はどんどん縮まっている。

そのせいかどうかわからないが、最近外国人たちが気にするのは「手取りがどんどん減っている」ということ。「額面とぜんぜん違うじゃないか。おかしい」と文句を言われることは多い。

企業に紹介した外国人から、この件での問い合わせはよくある。そのたびに「めんどくさいな」と思いながらも説明する。「税金がこれだけ引かれて、社会保険がこれだけ引かれて……ね？　会社がインチキをしているわけじゃないでしょ」と。

さらに面倒なのが、「月給」という概念を理解できないタイプだ。どういうわけか建設業で働く人に多い。

「先月（2月）の給料が●●万円だった。今月（3月）は31日あるのに先月と同じ●●万円とはおかしいじゃないか」と、本気で言ってくるのだ。

こちらとしては「2月に『給料が多すぎる、おかしい』とは言ってこなかったじゃん」と言い返したくなる。

ちなみに、こうした主張をしてくるのはたいてい建設業で就労するベトナム人だ。かつては中国人だった。つまり、民族性の問題ではないと思う。人数が多いと主張が強くなるのだろう。

今後はベトナム人が減ってインドネシア人が増えていく傾向だから、いずれインドネシア人から「3月の給料がおかしい！」とねじ込まれることが増えていくのだろう。本当にめんどくさいので勘弁してほしいが……。

自分の非を認めない、できなくても「できる」と言う――背景にあるのは圧倒的な○○

外国人材に接していて、国籍ごとの文化の違いではなく、共通して感じるのは自己肯定感の高さだ。

これはもう、圧倒的に高い。国籍によらず、めちゃめちゃに愛されてポジティブな言葉だけを受けて育ってきたタイプ。そういう人ばかりだと感じる。

わかりやすい例を挙げると、日本人が「私、泳げます」と言ったとする。その人は25メートルは泳げるんだろうなと考えて間違いない。

外国人の場合、たとえ5メートルしか泳げなくても自信満々に「私、泳げます」

きます」と断言してくる。

と言う。いや、3メートルでも言う。この感覚で、仕事上のスキルについても「できます」と自信満々で答える。

外国人材と日本企業のマッチングをするときに気をつけないといけないのはここだ。「この仕事できますか?」と聞かれて、求職者は3メートルレベルでも「できます」と自信満々で答える。

採用側は「できる、というのなら最低でも25メートルレベルではあるだろう」と日本人の奥ゆかしさを基準にして思い込む。仕事を始めてみるとまったく使いものにならない、ということになる。

レストランの調理スタッフとして採用されたある外国人はその極端な例だった。「料理はできます」と言うにとどまらず、「おたくの料理長よりも僕のほうが料理はうまいですよ」的なことまで言っていたのである。

働きはじめたら、普通に下手な料理人だった。鼻っ柱を折られた彼は、3日で退職した。

こういうことがあるから、スキル確認は徹底的に、具体的にやる必要がある。外国人材の自己肯定感が一番良くない出方をするのは、何かトラブルが起きたときだ。

彼らは自分のせいだとは基本的に思わない。人前で怒られるのを異常に嫌がる。言い訳を必ずする。怒らずに理論的に追及すると、反論できなくなったところで泣く。あるいは辞める（私の印象だと、女性は泣きはするものの周囲に慰められて立ち直る人が多い）。

我が社でもよく起こる事例を紹介しよう。

日本人のマネージャーが仕事の依頼をする際に、契約に必要な書類を何日までに回収してください、と外国人社員に指示する。

期日が来て「書類は?」と聞くと、回収できていない。「どうして回収していないの?」と聞くと、「いや、書類を送るようにメールを出しました」と言う。メールを送ったのに書類を送ってこない相手が悪いでしょ、というのだ。

マネージャーは「書類を回収して」と指示したのであって、「メールを送って」と指示したのではないのだが、それでも外国人社員は「言われたことはやった」という認識なのだ。

読んでいるだけでイライラしてくる人もいるだろう。実際、我々もイライラはする。だが、こんな問答は毎日のように行われていると思ってもらっていい。

こうした感覚の違いは、おそらく幼少期から培われたものだ。根本的には埋まらないものなのだろう。

なおかつ、国籍を問わず、外国人材全般に感じる特徴である、ということは、すぐに自分の非を認めてしまう私たち日本人の感覚のほうが特殊で、「メールを送った、言われたことはやった」みたいな考え方のほうがグローバルスタンダードということもありうる。

水に浮くことしかできなくても、自信満々に「泳げます！」と言える人材のほうがチャンスをつかめるのが標準なのだとしたら、日本人にとってはやりにくい世界だが。

転職を左右する「リトル○○」の存在

外国人がまとまって住んでいる街が首都圏のあちこちにある。

たとえば東京・江戸川区の西葛西。江戸川の流れがガンジス川を感じさせるそうで、インド人が多く住む「リトル・インディア」と呼ばれている。

新宿区の高田馬場は「リトル・ヤンゴン」。ミャンマー人たちの聖地のような場所だという。高田馬場駅周辺の住宅街を歩くと、古いアパートやマンションが並んでいて、ごみ集積所に新宿区が掲示している注意書きが日本語、英語、中国語、ミャンマー語で表記されている。

ネパール人は、コリアンタウンとしても有名な新大久保が多い。埼玉の西川口にクルド人が多いのはニュースでご存じだろう。「最大派閥」のベトナム人はというと、あまりにも数が多すぎるのだろうか、分散していて特に集まっている地域があるという印象はない。

地方でも、もちろん外国人は増えている。昔から技能実習で地方で働く外国人は相当数いたが、農業や工場など人目に触れにくい場所での仕事が多かった。特定技能制度が始まりサービス業に進出するようになって、目に見えて増えている、という状況だ。

外国人が日本で働く場所を決めるとき、選択の基準になるのは場所とお金だ。同じ仕事なら都会のほうが給料が高い。

「リトル○○」が形成されるくらい同国人が集まっている都市で働けば、友だちがたくさんいる。

どっちにしろ都会に行ってしまうってことか?と言われると、たしかにそういう傾向があることは否定できない。

ただ、一方で地方でも外国人材の定着・活用に成功している企業はある。なぜそうなるかというと、外国人材にも「新卒」と「中途採用」に似た2タイプがあるからだ。

すでに日本国内で働いている人は、今いる職場と別の職場を比べる。給料が高く、仲間がたくさんいそうな職場ならそっちのほうがいいと感じるのも当然。これが「中途採用」人材の考え方。

一方、今、母国にいて、これから初めて日本で働こうとしている人は「新卒」だと思えばいい（実際、学校を出てすぐ日本に来る文字通りの新卒の人も含む）。

多くの場合、彼らは東京で働きたいとか大阪で働きたいではなく「日本で働きたい」と思っている。日本の職場をまだ知らないから、別の職場と労働条件を比べることもない。比べるとしたら、今暮らしている環境と日本の環境だ。

すると、たとえ日本では「田舎」とされる地方だったとしても、母国での暮らしに比べれば便利だといった判断をすることが多い。

中途の人材は大都市に流れてしまうけれど、新卒の人材は田舎にも喜んで来てくれる。もちろん新卒の人材もいずれ転職を考え始める。その前に、マネジメントによって定着を図る。これが地方企業の基本戦略である。

恋愛至上主義な人たち

お金と場所、「新卒」か「中途採用」か、に加えてもうひとつ、意外と重要な要素がある。ジンザイベースで紹介した人材だけでも過去に数回、この件でクレームに発展したことがある。

青森のクライアント企業に、ある女性求職者を紹介したことがあった。面接で一度は不採用になった（今思うと、採用担当者は何かを感じ取っていたのかもしれない）。それでも彼女は「どうしても青森に行ってあの会社で働きたい」という。社長にお願いしてもう一度面接の機会をもらい、見事採用となった……のだが、この女性、たった3カ月で退職してしまったのだ。

それはもう、大クレームになった。

あとでわかったのだが、彼女が交際していた男性が青森で技能実習生として働いていた。彼氏の実習先の近くにある会社だったから、どうしてもそこで働きたかったのだ。

そして、恋人の技能実習が終わり、別の地域に転職していくのについて行くために「どうしても入りたい」と言った会社をあっさり辞めてしまったのである。

すさまじい恋愛至上主義。そう、彼らは仕事よりも恋愛を優先することが、おそらく日本人よりもはるかに多い。これは忘れないようにしたい。

こういうことがあるたびにクレームになって、こちらとしては大迷惑である。同時に「ここまで愛されたいな」とも思ったりする。

もちろん個人差はあるにしても、外国人材を見ていると平均的には「日本人の数倍、愛情が深い人たち」だとは思う。

恋愛ばかりでなく、家族をとても大切にすることも含めてだ。

ベトナム人のケンカは〇〇を使いがち

200万人もの外国人が働いているのだから、いろんな考えを持っている人がいる。考え方が違えばコミュニケーショントラブルも起きる。トラブルに陰湿なやり方で対処する人もいる。

そうかと思えば刃傷沙汰におよぶ人もいる。

ベトナム人同士のトラブルが刃物を使った傷害事件に発展した、というニュースはよく目にする。ちょっと検索しただけで、最近富士宮で起きたという刃物による傷害事件がヒットした。ベトナム人同士が口論となり、太ももを刃物で刺したそうだ。

実際、喧嘩のときに武器を使いがちなのは彼らのカルチャーのようで、ジンザイベースの社員も目撃者となった。

技能実習生同士が同居していて、トイレの掃除当番の件で揉めた。「お前の掃除の仕方は汚い」「そんなことはない」で口論になり、最終的に一方がフライパン、他方が包丁を武器にして戦闘になった。そのときは受け入れ企業の社長が来て止めてくれたので双方軽症で済んだという（社長が止めた、というのもすごい話だが……）。

前に自己肯定感の話をした。こういうことが起きるのは、高すぎる自己肯定感ゆえに、否定されたときの反応がときに激烈になる、という傾向があるように思う。中でもベトナム人の事件がよく報道されるのは、人数が多いせいもちろんあるのだが。

円安が進んでいくと、順調に経済成長している国から日本に働きに来るメリットは減っていく。ベトナムも、不動産バブルが弾けて不況が来ているという話もあるが、基本的には発展していく国だ。

となると、それでも日本で働きたいという層は国内でいい仕事につけない人、特に貧しい地域出身の人などが中心となる。当然、教育レベルは低いのが普通だ。最近、ベトナム人の面接に行くと入れ墨が入っている率が上がっているのはそういうことだろう。

トラブルのときには穏便な手段をとるよりも、情熱的で元気のいい手段に訴えてしまいがちな人が多いという傾向は否定できない。

給与明細を仲間と見せ合うのは当たり前

前にも言ったように、ベトナム人はＦａｃｅｂｏｏｋに給与明細をアップして見せあっている。

ちょっと日本人には理解しがたい文化だが、彼らにとっては当たり前だ。ほかの外国人たちも特に抵抗なく給与明細を他人に見せる。

職場内でも、ためらいなく同僚と給与明細を比較する。そして「なんであいつより俺の給料が少ないんだ。同じにしてくれ」と文句を言う。

それだけならまだいいが、ＳＮＳ上で他人が高い給料をもらっていると知れば「もっと給料のいい会社に移ろう」と彼らは思う。実際、そうやって転職をすすめ、非合法に仲介しようとしているベトナム人もＦａｃｅｂｏｏｋにはいる。どんどんベトナム人は辞めていく。

企業としてはたまらないので「給与明細を他人に見せないように。ＳＮＳにアップしないように」と注意はするものの、効果はない。

こういう現状を見ていて、「こまった」とも思うかもしれない。

気持ちはわかるが、「いい育てられ方をしたんだろうな」とも私は思ってしまうのだ。

自分の給料が同僚より安いと知って「そうか、自分の評価は低いのか。がんばって挽回していく必要があるな」と思うのではなく、当たり前のように「俺の給料が少ないのはおかしい」と即座に思える。その自己肯定感はうらやましい。

日本人からすれば違和感のある考え方かもしれない。

だが、実は日本でも、今どきの子どもたちはそれに近い教育を受けているように思う。

体罰はもちろん、怒鳴るのも虐待。運動部でもしごきなんてありえない。企業はベテランへのハラスメント研修を厳しくして、間違っても若手社員を傷つけないようにと指導している。

こういう社会があと20年続いたら、日本人の労働者も外国人と基本的には同じような思考になっていくと私は思っている。

今のうちに外国人材で慣れておいたほうがいいのかもしれない。

宗教への配慮はどこまで必要か

「やっぱり、イスラム教徒には1日5回のお祈りの時間は確保しないとまずいんですか？」と質問されることがある。

外国人材の信仰への配慮がどこまで必要なのかは、多くの日本人にとって未知の領域であり、心配なのは無理もない。

結論から言うと、そこまで神経質になる必要はない。

たしかに、日本で暮らしながらも宗教上の規律を厳格に守ろうとする人はいる。そういう人は選考段階でわかる。わかった時点で「この人を雇うために、どこまで配慮できるか」を考えればいい。

実際に日本で働く人を見ると、柔軟に対応している人が多数派だ。イスラム教徒なら、1日5回のお祈りを夜にまとめている人はよくいる。食事についても、たとえば社員食堂がある会社なら「ハラールには対応していないから、お弁当を持ってきてね」と注意しておけばいいだけだ。

ヒンドゥー教徒は牛肉を食べてはいけない（カーストによっては豚肉もNGの人もいるらしい）。国や地域にもよるのだろうが、もし食べたらけっこうな大罪とされることもあるらしい。

とはいえ、そういう人であっても、日本に来て牛肉を食べた話を「実は、食べちゃいまして。親に知られたら大変ですよ」くらいのノリで話してくれたりする。「日本にいる間は、まあいいいか」と考える人もいるようだ。

「外国人材を雇ってみたら、宗教上のタブーがあって仕事に重大な支障が生じた」「入ってみたら宗教上の理由で自分にはできない仕事だった」といった深刻な問題が起きるのは、要するに事前の情報交換が十分にできていないがゆえのミスマッチである。

飲食店にイスラム教徒のインドネシア人を紹介したことがあった。とても真面目な女性で、企業側もとても期待して温かく迎え入れてくれていた。

ただ、情報の齟齬があった。彼女はホールスタッフとして働くつもりでいたのだが、実際には調理場での仕事もあったのだ。

厳格なイスラム教徒である彼女は、牛肉や豚肉に触ることもできない。やむをえず退職ということになってしまった。非常に残念なケースだったし、改めて情報交換の重要性を痛感させられた。

こういう話をすると、「やっぱり面倒だな」と感じるかもしれない。ただ、遠い異国の地に来て、同胞は誰も見ていない環境でも信仰上のルールを守ろうとする人は、間違いなく真面目な人である。きっちり仕事をしてくれると期待できる人材だとも言える。

できるかぎりの配慮をすることで、優秀な外国人材を採用できるチャンスが生まれることもあるのだ。

「外国人ドライバー」は大丈夫なのか?

信仰も含めて、基本的に外国人材との文化ギャップは、あまり構えすぎずにきちんと情報交換をしていれば問題ない。基本的には。

実は、これから問題になりそうなことがひとつある。

特定技能の介護分野で働く外国人材は2万人を突破した。ものすごいスピードで増えている。ぶっちぎりナンバーワンだ。技能実習にも介護分野は含まれている。

高齢化で介護スタッフの需要がどんなに増えていても、介護報酬には限界がある。待遇改善によって日本人の介護スタッフを増やすのには限界があるということだ。

となると、外国人材で不足分を埋めるしかない。これが国の方針である。

実際、これまで外国人介護スタッフはNGとされていた訪問介護がOKになるなど、規制はどんどん緩和されている。

外国人材を受け入れる分野の拡大も続いている。最近では特定技能で運送業のドライバー受け入れが解禁されることになった。

残業規制によってトラック運転手の不足が深刻になった「2024年問題」を持ち出すまでもなく、運送業の人手不足は深刻である。


とはいえ、私自身はドライバーとして外国人材を受け入れるのは反対だ。

東南アジア各国には仕事でよく行くが、とにかく運転が危ない。バスに乗っていると「無謀運転」というよりは「当たり屋ですか? それとも自殺志願者?」としか思えないドライバーが次々と無理な追い越しをしかけ、時には突っ込んでくる。

もちろん、そういう運転が常識だから、多少の事故は誰もなんとも思わない。

安全運転についての感覚、事故を起こした場合の適切な対応についての考え方があまりにも違いすぎる。

これもまぎれもなく文化の違いではある。が、人の命への影響がダイレクトすぎる。人材選びや教育など、慎重な運用が行われると信じたいところだが、正直なところ非常に心配している。

「日本人、全然働かない」と言う外国人マネージャー

いろいろなことを言ってきたが、外国人材は一般に勤勉であることは間違いないと私は思う。

国籍も文化も信仰もさまざまだが、海外に出ていって稼ごうと思うほどだから、勤勉さは共通する資質であると考えていい。「すぐ辞めてしまう日本人よりも、やる気のある外国人を」という雇う側の判断もそれ自体は間違いではない。

実際、飲食店で働きぶりを認められて、部下をマネジメントする立場に昇進する外国人は最近多い。

彼らがよく言うのは「日本人、全然働かない」。たしかに「稼げるから残業ウェルカム」な彼らからすれば、今どきの日本人労働者はそう見えるのかもしれない。ただし、注意点がある。「勤勉さ」を日本人に都合のいい意味で捉えてはいけないということだ。

がんばって働いて稼ぐぞ!というモチベーションが高いからこそ、より高い給料がもらえる職場に移れるチャンスは逃さない。同じ仕事をするのなら、地方より大都市を選ぶ。残業して稼げるのはうれしい。だからこそ、サービス残業なんて絶対にしない。

勤勉=御社に都合の良い人材という意味ではないですよ、ということだ。稼ぐために合理的な考え方をして、感情をまじえずにバッサリ判断し、行動していく。

日本人一般が欧米の「外資系企業」に持つようなイメージは、アジア各国出身の外国人材にもあてはまると考えればわかりやすいだろう。やっぱり彼らのほうがグローバルスタンダードに近いのかもしれない。

外国人は日本人と仲良くなりたがっている？

先日、日本人の社員が「驚きました」と次のことを話してくれた。

「外国人の部下といっしょに飲み物を買おうとコンビニに入って、レジのところで部下の分も買ってあげようとしたら、その部下は逆に僕のぶんの飲み物をとって、『ここは僕が出します』と言うんですよ」

さすがに部下に買わせるわけにはいかないので固辞したという。「どうしてそんなことするの」と聞いたところ「ネパールでは目下の者が払うのが普通なんです」と言っていたそうだ。

この一例しか聞いたことはないので、本当に「普通」なのかはわからない。ネパール人をはじめ、南アジア系の人はその場のノリで適当なことを言ったり、相手を持ち上げたりする傾向があるとも感じる。

ただ、それも「多少の嘘をついてでも相手を喜ばせようとする人たち」と見ることもできる。上司に対して思い切って距離を詰めようとする勇気も、日本人が見習うべきところかもしれない。

部下が上司に奢るということはないにしても、ミャンマー人のように、現代の日本人以上に目上の人、年長者を敬う習慣が染み付いている外国人もいる。それもあって、ミャンマー人は地方の企業にうまく溶け込めるケースも多い。

国籍を問わずに感じるのは、外国人は人と仲良くなることに躊躇がないということとだ。

先日、我が社で紹介した若いベトナム人の女性の職場を訪問したら、パートで働いている日本人のおばちゃんと仲良くなったと言っていた。ふたりとも韓国が好きなので、先日は一緒に韓国旅行をしたという。

ほかにも、外国人から日本人と遊んで楽しかったという話を聞くことは多い。ＳＮＳでも給与明細ばかりが上がっているわけではなく、職場のみんなとバーベキューをしたとか、日本人がドライブに連れて行ってくれたとかいった投稿もよく見かける。

おおむね外国人たちは日本人と仲良くなりたがっている。

「最近の若い人って、遊びに誘っても迷惑そうなんだよね」とさみしい思いをしている世代の日本人にとって、職場の外国人たちのフレンドリーさが心の癒しとなっている例も少なくないと思うのだ。

第3章

ぶっちゃけ、日本ってどうですか?

日本で働く外国人社員の本音

「お客様は神様」にとまどう

日本人の目から見た「外国人はこうだ」という話ばかりでは一面的になる。外国人材が日本をどう見ているか、を聞くことも、彼らを知る上では役に立つだろう。

それも、できるだけ生々しいほうがいい。

私が話を聞けそうな外国人材というと、我がジンザイベースに勤務する外国人社員たちということになる。

この章では、何人かの社員から、日本で働きながら感じていることを聞いてみたいと思う。

というわけで、さっそく「日本で働くようになって、とまどったことは?」と聞いてみた。

最初に答えてくれたのは、ネパール人の男性社員(以下、ネパール人男性)である。彼は日本の大学で学び、卒業後入社した。ジンザイベース初の新卒外国人社員だ。

彼はこんなことを話してくれた。

「日本だと、お客様は基本、神様っていうんですか。ネパールだと、お客様に対してそう思わないです。上司であってもお客さんであっても、自分の両親であっても、間違ったことに対してはしっかりと意見交換する、ストレートに意見を言う。ダメなことは『ダメだよこれ』って言う文化があるので」

彼はネパールでは最上位のカースト「ブラーミン」の出身で、「特に、ブラーミンはストレートに言う人が多い」そうだ。「最近も、自分はミスしていないけど、会社のことを考えて謝罪しに行かないといけないことがあった。それがやっぱり辛い」とのことだった。

ミャンマー人の男性社員（以下、ミャンマー人男性）は、母国では銀行に勤めていた。その後、日本の大学を卒業し、ジンザイベースの前にも日本企業で働いた経験がある。彼もやはり、同じことを言っている。

「お客さんに対して逆らえないというのが……。もちろん、うちが悪いときもあるんですけれども、お客さんが悪いときもある。お客さんが間違っても、うちのミスみたいな感じで謝ってみたいな、そういうのがなかなか……って感じです」

一般にミャンマー人は、礼儀正しい、目上の人を尊重するとされている。そんなミャンマー人から見ても、やはり日本的な顧客との関係は違和感があるようだ。

ビジネスでトラブルが起きたとき、誰のせいとも言えなかったり、原因がよくわからなかったりする場面では、とりあえずこちらのせいにしてくる顧客がいる。この手のお客さんに困らされた経験は誰にでもあるだろう。

そういう場合は、言い返しても感情的なしこりが残るだけで問題は解決しない。内心では「知らねえよ」などと悪態をつきながらも、適度に謝り、適度にかわしながら、善後策をさぐっていく……というのが「日本式」だ。ただ、なかなか外国人には納得できない部分のようだ。

インドネシア人の女性社員（以下、インドネシア人女性）は、紹介した人材がすぐ辞めてしまった企業の担当者から、電話で怒られたそうだ。

「あなたも外国の方ですよね。外国の方ってこういうのが普通なんですか⁉」

これは完全に、単なる八つ当たりである。うちの社員がかわいそうなのでやめていただきたい。

日本人はなぜ
はっきりノーと言わないの？

ベトナム人の女性社員（以下、ベトナム人女性）は、大学で日本語を勉強した後、日本の大学院のＭＢＡコースを修了している。

もちろん彼女も、ほかの外国人社員同様、日本語能力検定の最高峰、Ｎ１を取得している。そんな彼女は、日本人の「曖昧な表現」で困ったことがあるという。

「飲食店でアルバイトしていたとき、『このお皿をお下げしていいですか？』と聞いたら『いいですよ』と言われました。だから皿を下げたら、『そのままでいい』という意味だったみたいで、怒られました」

このケースはやや、理不尽な気もする。ただ日本人の場合、悪気なく曖昧な表現を使うことはよくある。

「お下げしてもいいですか?」に対して「大丈夫です」とか。これも外国人だと、下げていいのかいけないのか迷う可能性があるだろう。外国人に接客してもらうときには、わかりやすい表現を心がけると喜ばれるかもしれない。

コミュニケーションについては、日本人ははっきりノーと言わない、という声が複数あった。

高校の観光ビジネスコースで日本の旅行会社で研修したのを皮切りに、日本人と長く接してきたインドネシア人女性は言う。

「日本人は断る前に、いろいろと理由を言いますよね。すぐ断ればいいんじゃないですか?と思うんですけど」

たしかに、職場で「飲みに行かない?」と誘われて、「今日はやめときます」と即答せずに「実は最近、仕事が立て込んでまして、ちょっと疲れが溜まってて……」みたいな話をしてしまうのは、日本人あるあるだ。

「ストレートに言ってほしい。日本人の考えだと、ストレートに言ってしまうと、なんだか相手が、傷つく? そういう風に思ってストレートに言わないのかもしれないですけど。僕ら外国人の考え方だと、ストレートに断るなら断ってくれていいんです。また次にがんばればいいので」

これはミャンマー人男性の意見だ。

「ストレートにノーって言われたからって、なんで傷つくの? また次にトライすればいいでしょ」という彼らのマインドには、日本人のビジネスパーソンが学ぶべき点があるように思う。

ベトナム人女性を驚かせた日本人男性のNG行動

日本人から見ると給与明細を見せ合う外国人は驚きだ。同様に、外国人は外国人で、日本人の行動に驚くことがあるのは言うまでもない。

ベトナム人女性が日本に来て驚いたのは、我々日本人からすると意外なことだった。

「駅なんかで、こうする男性の方がいるでしょう。びっくりしました」

と言って彼女は、腰のあたりで何かをつまんで持ち上げる動作をしている。なんだろう?と思ってよく聞いてみると、ずり落ちてきたズボンを引っ張り上げる動作のことだとわかった。

「みんなの前で、こうして。びっくりしました。私たちの国では女性の前でそういうことをする人はＮＧですね」

身だしなみは人目のないところで整えるのがマナーです、と言われたら、日本人も同意すると思う。だが、ずり落ちたズボンを引っ張りあげる程度のことなら、あまり気にせずやってしまう人（男性だけ？）は多いだろう。ベトナム人が身近にいるかどうかにかかわらず、注意したほうがよさそうだ。

ネパール人男性は日本の男性用トイレが衝撃だったという。

ネパールではむき出しの便器が並んでいることはなく、すべて個室だそうだ。「はずかしい。個室になってほしい」と言う。これは対応が難しく、慣れてもらうか個室を使ってもらうしかないが。

最近はハラスメント研修やビジネスマナー研修などが盛んになって、相手を不快にさせないことについては誰でも意識が高くなっている。その延長線上で、外国人に対する悪気のない無礼についても気をつけていく必要がありそうだ。
日本のビジネスマナーが外国人には不可解に見えることもある。たとえば、こんなマナーだ。

会社に訪問する際に持っているカバン、どこに置いていますか?

実は、カバンを椅子の上に置くのはNG!
カバンは、汚れたものという扱いなっているため、『自分の腰掛ける椅子の横の床に立てて置く』のが正解です。
ただし、相手から「椅子の上に置いていただいて結構ですよ」などとお声がけいただいたり、荷物置き場を案内された場合には、「お言葉に甘えまして」と感謝を伝えてから、指定された場所に置いてもOKです。

スタッフサービスグループウェブサイト「意外と知らない?! 会社訪問時のビジネスマナー」
https://note.staffservice.co.jp/n/n8be555041e2b

ミャンマー人男性は、帰国したときに日本でのクセでカバンを床に置いた。すると、友だちにびっくりされたという。

「僕の国だとカバンは机の上に置くんですよ。一番大事なものが入ってるから、机の上に置くという考え方なんですけど」

これと似た例だと、日本の飲食店では注文を取る人が客の席の横にひざまずくことがある。オフィスワーカーでも、座っている人の席に頼みごとをしにいくときにひざまずく人もいる。

日本人にはあまり抵抗がない動作だが、外国人は奇異に思うことが多いようだ。もちろん、外国人にとってなじみのないビジネスマナーだからといってやらせてはいけないということはない。

ただ、指導する際に「これは日本に独特なマナーでね」「変だと感じるかもね」「でも、その背景には日本人のこういう考え方があって」といった話を一緒にできると、スムーズに習得してもらいやすくなるだろう。

時間を守ってもらうには「危機感」が重要?

文化の違いといえば、ここでも時間感覚の違いが話題になった。

ミャンマー人男性が帰省中、友だちと旅行に行った。そのとき、観光バスが30分遅れてきたという。もちろん事前に遅れるといった連絡はない。

運転手に文句を言っていたら「お前、殺されるぞ。ここは日本じゃない」と友だちに止められたそうだ。

聞いていたネパール人男性も、「そういうのはよくありますね」という。「しかも、遅れてきて、ドライバーさんが疲れたとかで、じゃあちょっと、まずはタバコ休憩してからね、みたいなのもあります」だそうだ。

そもそもネパールでは、公務員でもない限り「何時から何時まで働く」といった感覚は薄いそうだ。

日本に来たネパール人たちはよく「日本時間」に適応できるね？と聞くと、「それがきつくて、3カ月で辞めます」と、同胞に対してなかなか手厳しいことを言っていた。

興味深いのは、働き始めると自由な国でも、学校教育では時間に厳しかったりする、ということ。

ミャンマーでは遅刻したら先生に叩かれるというし、インドネシアでは始業の7時には学校の門が閉まり、遅れた生徒は「帰れ」と言われるらしい。

やはり、怖い先生に怒られると思うと危機感を持つということなのだろうか。

外国人に時間を守ってもらうためには、「時間に遅れることは日本では本当にまずいことなんだよ」ということをいかに真剣に伝えられるか、それによって危機感を持ってもらえるかどうかが肝になるようだ。

さて、時間に関することでは、もうひとつ付け加えておきたい。

今どき「サービス残業が当たり前だ」と思っているようなビジネスパーソンは、本書の読者にはいないと思う。

ただ、悪気はなくても終業時間になって帰ろうとしている人を呼び止めてちょっと仕事の話をしてしまったり、5分延長して「キリのいいところ」まで終わらせるくらいなら、特に問題ないと思ってしまうのは日本人の普通の感覚だろう。

だが、外国人たちの感じ方は違う。

「遅刻にはうるさいのに、終わる時間にルーズなのはどうなの?」という不満は多かれ少なかれあるようだ。

「日本人は世界一時間に正確だって自慢してるけど、実は……」といった悪評につながらないとも限らない。終わりの時間にも気をつけるようにしたいものだ。

円安で日本の魅力は下がっている？

2024年は大幅な円安に振れた年だった。日本円で給料をもらっている外国人労働者にはどんな影響があったのだろうか。

ネパール人男性は「10万円を送金すると、以前にくらべて4万円くらい減ったような印象がある」という。かなり大きく目減りした感じだ。

対照的なのはミャンマー人男性。ドルに対して円安でも円高でも、ミャンマーの通貨チャットと交換するときの相場は安定しているらしく、さほど影響は感じないとのことだった。

ベトナム人女性は、仕送りはあまりしていないのでその点は影響が少ないそうだ。

ただ、円安で物価が上がったのが困るという。

「とても好きなプリンがあって、日本に来たときは90円くらいだったのが、120円とか130円とかになりました」と嘆いていた。

彼女がサポートを担当している特定技能のベトナム人たちは仕送りをしている人が多いから「みんな悩んでいる」という。その上、日本での生活に余計なコストがかかると、仕送りできる額も少なくなる。かなり深刻な悩みだろう。

インドネシア人女性は、最近故郷のバリに帰省した。そのとき、地元の知人たちに「日本で働く気はありますか?」と聞いてみたという。

やはり多かったのは、「円安だからやめておこうかと思っている」「別の国のほうがいいかなと迷っている」といった意見。

「日本は経験を得るためとか、成長したい人には向いてる。家族を持って、お金のために働くなら、日本はやめたほうがいい」という声もあったそうだ。

バリの場合、英語を話せる人が多く、オーストラリアも身近だ。アメリカに行く人もいる。クルーズ船に乗って働くという選択肢もある。彼女の地元では、日本語学校と並んで、クルーズ船で働くための学校も多いのだという。

円の価値が目減りするなかで、ほかの国とも外国人材の取り合いをしていかなければいけないのがこれからの時代なのだ。

これはありえない、日本人の〇〇意識

インドネシア人女性は、日本人と接するなかで「?」と感じることがあっても（前述のやつあたりとか）、たいていは「多分、外国人に慣れてないだけだ」と思って流しているという。

そんな彼女も、初めて来日したときにはいまだに忘れられないショッキングな経験をしている。

まだコロナ禍の時期だった。日本での最初の職場がある京都に来て、1週間ほどしたある日、散歩をしていて花屋を見つけた。

花好きな彼女が店に入っていくと、突然、店にいたおばあさんに「何しに来たの」と言われた。そして「あなたが来たからコロナが増えているんですよ」とも言われた。

さすがにショックだったそうだ。無理もない。

ここまでひどい話でなくても、「レジスタッフをしていたとき、名札を見て外国人だとわかって、違う列に移動した」（ベトナム人女性）みたいな話はよく聞く。「日本語でコミュニケーションができるか心配で、それで日本人が対応している列に行ってるかもしれないし。僕はそれぐらいはあんまり気にしないですね」（ミャンマー人男性）という人もいるが、やはり褒められた行動ではない。

私が感じるのは、日本人でも年配の方と若者世代とでは育ってきた背景の違いが大きく、それが外国人に対する態度にも現れているということ。年配になればなるほど、「ジャパン・アズ・ナンバーワン」とまで言われた過去の日本の記憶を引きずっている。

厳しい言い方をしてしまうと、経済大国になることによって生まれた「名誉白人」意識から、ほかのアジア諸国を軽視する傾向が強いと思う。

特に、外国人と接触する機会が少ない地方在住、かつ年配の方となると、古い感覚が濃いめに残っている。若い世代では死語になっている外国人への差別呼称を普通に使う人もいる。時代を間違えているのだ。

正直なところ、ご年配の方々の感性を今から変えようというのは難しいとも思う。だが、外国人材とともに働く現役世代の人たちは、外国人を下に見る感覚を間違っても残存させていてはいけない。

日本で働くことの金銭的なメリットはどんどん目減りしている。

円安のせいばかりではない。たとえば今、日本で働く人が増えているインドネシアは、20年後には日本を抜く経済大国になると言われているのだ。

こうした時代の推移を把握せず、いまだに上から目線で接しているようでは、外国人材に選ばれない国になってしまう。特に人手不足で外国人材を必要としている地方ほど、深刻な事態が起きる。

けれども、いまだに「奴らは日本に来たがってるんだから大丈夫」「うちの会社に定着しないあいつらはおかしい」という感覚でいる会社もたくさんあるのだ。残念なことに。

それに対して、初めて外国人を雇う会社、これまで外国人との接点が少なかった会社にありがちなのが、「外国人だからといって構えすぎてしまう」こと。

もちろん文化の違いなど気をつけなければいけないことはあるが、あくまでも「普通の人」を相手にするという意識も大事である。

日本人と言っても、出身地によって気質や文化の違いはある。性別によっても配慮しなければならない点は異なる。それでも、まともな企業ならば「みな同じ人間」という原則のもとに扱うはずだ。

ひと昔前まで「男の職場」だった会社でも、今はどこも女性社員へのセクハラ防止の配慮ができている。いや、できていない会社もあるが、どこもがんばって女性を戦力化しようとしている。

かつてはどう扱っていいかわからない「部外者」だった女性たちを、ちゃんと受け入れられるようになったわけだ。

働く人の国籍の違いも、同じように考えればいいのだ。

逆に言うと、外国人材の受け入れができない会社は、人を雇う側として当たり前のことができていない、という実態を露呈させているとみなされても仕方ない。

第4章

本当に恐ろしい「不法就労」の話

どうして入管の審査はあんなに遅いのか

最近、ひどい目にあった。

あるネパール人男性を日本企業にマッチングした。

我が社の仕事の中で、人材を企業にマッチングするのはたいした手間ではない。大変なのは、ビザを取得して入社させるための入管手続きのサポートである。

行政書士に依頼して大量に書類を作成してもらわないといけない、そのためにはたくさんの資料を集めないといけない、申請してからの待ち時間も長い。

このネパール人も、さんざん手間をかけてようやく入社にこぎ着けた。ところが、あっという間に退職してしまった。

彼の目的はビザを取ることで、そのためのいわば踏み台として入社しただけだったのだ。

もちろん、大クレームになった。クライアント企業からすれば、うちに怒りをぶつけるしかないだろう。

このネパール人には心の底から腹が立った。それでこちらも怒りをぶつけさせてもらうと、そもそも入管手続きにやたらと手間と時間がかかるのがいけないのだ。

入管手続きを行う「地方出入国在留管理官署」は、札幌から福岡まで、全国に8局ある。実は、どこの入管に申請するか、でかかる時間にはあきらかに差がある。

圧倒的に早いのは福岡入管である。コンパクトシティーとして名高い福岡だからかどうかはわからないが、とにかく早い。

次に早い入管は、なし。福岡以外は変わらない印象である。

ただし、特に終わっているのは、さすがに伏せ字にするが、●●入管である。非常に時間がかかる。

「●●入管だけ異常に遅いですよね?」と言ったら、おそらく同意してくれる人が多いのではないだろうか。

どうして入管の審査は時間がかかるのか。

だいたい2～3カ月が目安、初めて日本に来る外国人の審査だと、プラスアルファで時間がかかるというのが相場だ。

審査が遅い理由は、激増している審査件数に対して審査官の数が不足しているから、というのが定説だ。

普通に考えれば人を増やしてください、さもなければDXで合理化してくださいよという話ではある。

ちなみにその行政書士によれば、DXについても入管は「まったくしていない（断言）」とのことだった。

一応、最近オンライン申請という制度もできたのだが、審査官たちはオンライン申請されたデータをプリントアウトし、今まで通り1枚1枚確認しているということだ。日本のお役所あるある、というより、企業も含めた日本の組織あるあるあるという感じではある。

ビザを申請するときに入管に提出する書類は、種類と場合によるが、1件につきだいたい50枚ほどになる。

たしかに多いと言えば多い。だが、ちょっと考えてみてほしい。

自分の専門とする業務に関する、日頃からよく扱っている書類をチェックするのである。かなり入念にチェックしたとしても、50枚くらいならすぐだろうと思わないだろうか。

いくら人手が足りないといっても、「入管の審査官たちは何カ月もかけて何をチェックしているのだろう?」と疑問を抱くのではないだろうか。

その答えも、先ほどの行政書士の言葉を借りるのがわかりやすいだろう。

「結局彼ら（審査官）も一般企業と同じなんです。自分たちが上に説明できるだけの資料が揃わないと、申請を上げられない」

つまり、審査官たちの上にはボス審査官がいる。審査官たちがチェックしてOK

を出したものを、改めてボス審査官がチェックし、OKしたらようやくビザが下りるという仕組みだ。

とはいっても、ただでさえ申請数が多すぎて困っている状況だから、ボス審査官は膨大な申請書類を1件ずつチェックなどできるわけもない。おそらく機械的にハンコを押しているだけだろう。

要するに、彼らは責任分散をしているだけだ。だからこそ、ちゃんとチェックしました、十分な書類をもれなく提出させましたというプロセスを踏むことが大事になのだ。やっぱり「ザ・日本の組織」という感じである。

だから、申請書類を出した後、入管からくる問い合わせの多くは「この書類が足りない」「もっとこんな書類はないか」といった類のものだ。入管からの問い合わせ電話では、こんな問答がよくあるそうだ。

入管の審査官「●●の書類がないんですが」

提携行政書士「それでしたら、40枚目くらいに入っているはずですが」
審査官「えっ（一生懸命紙をめくる音がしばらくつづく）」
審査官たちの紙の山との格闘は、これからも果てしなく続いてゆく（早くＤＸ化を進めてください）。

難民申請を繰り返す人たち

入管では、難民認定も行っている。

ただでさえ人手不足な入管の業務をどの程度圧迫していたのかはわからないが、２０２４年の6月に改正法が施行されて、難民申請は3回までしか認められないことになった。難民申請を繰り返して日本に居続けようとする外国人が増加したことへの対応だ。

難民申請をしている人たちは日本に働きに来ている人たちとは別物で、ジンザイベースとは無関係かというと、そうでもない。

難民申請中で、当社に求職者としてアプローチしてくる人もけっこういる。多くはネパール、スリランカ、バングラデシュといった南アジアの国から来た人々だ。

彼らはなんとか日本に滞在しようとしてあの手この手と試している。難民申請もするが、そのほかの在留資格も取ろうとしている。


ジンザイベースに来る人で多かったのは、特定技能の申請をしたいというケースだ。学歴が足りないので技人国は無理、だから特定技能でという人が、一時期はとても多かった。

難民申請というと、一般には母国が戦争中だとか、母国で迫害されている少数民族だとかいった理由でするもの、というイメージが強いと思う。

ジンザイベースに来た求職者の一人はネパール人で、難民申請の理由は「帰国するとカースト差別を受けるから」ということだった。おそらく下位のカースト出身なのだろう。なかなか日本人には理解しがたい話ではある。

日本で職を探している求職者にもいろいろなタイプがいる。ここまで読んでくれた読者は、知識が増えて日常生活の中で出会う外国人に対する見方も変わってくるだろうと思う。「この人の在留資格は何かな？」と興味を持ったりするかもしれない。

だからといって、外国人と会話をする機会があっても「あなたの在留資格は？」などと質問してはいけない（採用面接でもない限りは）。相手にとっては非常に嫌な質問かもしれないから。

「技人国」ビザの悪用にはくれぐれも注意

この本の打ち合わせをしているときに、編集者から「入管にはやっぱり文句はいっぱいありますか？」と聞かれた。

実を言うと、今言ったように、申請手続きをもう少し早くしてくれという点を除けば別に文句はない。

年々入管の不法就労の取締りは厳しくなっているが、うちのように真っ当なビジネスをしている会社からすれば「それはそうでしょう」「逮捕されるに決まってるでしょう」という話でしかない。

ありえないほどヤバいことを無知や故意でやっている企業はたくさんある。もっとも、そういう企業の余波をくらって迷惑することは時々ある。

ジンザイベースが支援している企業が入管なり警察なりに摘発された場合、その会社の外国人材受け入れは以後、年単位で停止されてしまう。

進行中だったマッチングは全部パーになってしまうし、すでに紹介して働いている人のビザ更新も、その会社に勤めたままではできなくなる。危険な企業とは付き合わないようにしているのだが、こちらの知らないところで違法行為をやられてしまうとどうしようもない。

一番多いパターン、つまり支援企業に一番気をつけてほしいのが、第1章でも旅館や飲食店の事例を紹介した、技人国ビザの外国人を現場でバリバリ働かせてしまうやつだ。

これは本当によくある。悪質な経営者でなくても無知ゆえに、うっかりでやってしまうことが多い。もちろん意図的にやっている会社もある。

製造業の場合だと、「CADを使った設計」のような専門職が偽装に使われることが多い。「専門職です」と言って技人国で在留許可をとって、実際には工場で単純労働を延々とやらせるのだ。

先日はこんな話を聞いた。

ある地方の製造業で働いているネパール人は、在留資格が技人国。彼の学歴は専門学校卒で、学んだことはマイクロソフトオフィスだという。もちろん、実態としては工場での単純作業をやっている。

技人国は基本的にエリートの専門職のためのビザだ。専門学校卒とマイクロソフトオフィスでよく申請が通ったな……と驚いた。

そこで、いったいどうやって入管を通したのか聞いてみたら、「半年かかった」という。通常は2カ月程度の審査だが、やはり疑われまくったのだそうだ。

何度も追加書類を求められ、そのたびに書類をあれこれして提出し、通常の3倍ほどの審査期間を経て「さすがに無理か」と思ったら、意外にも許可が下りたのだという。


入管は基本的に書類の上でしか判断できない。書類を見て「怪しい」と思えば追加書類を要求する。が、そこで必要な書類を出されてしまうと、いかに怪しいという印象はあっても許可を出さざるをえないのだ。

もちろん、「怪しいから現地調査に入ろう」ということになって、ネパール人某氏の労働実態がバレてしまえばアウトだ。

現地調査をするかどうかは人手不足に悩む入管のリソースの余裕次第であるが、いずれは来る。バレるのは時間の問題とも言える。

だが、幸いと言っていいのだろうか、そうはならなかった。現地調査が入る前に、ネパール人はほかの会社に転職してしまったのだ。せっかく半年かけてビザを取得したのに、である。

技人国の外国人材は、最初の会社でビザを取れれば、あらためて手続きをする必要なくほかの会社に転職できる。

最初に勤める会社はビザを取るためのステップボードくらいに考えている人もいる。本章の最初に紹介したネパール人がまさにそれだった。

技人国ビザを悪用するのではなく、まっとうに技人国人材を受け入れる企業が気をつけるべきなのはむしろこっちである。せっかく採用したのにすぐ転職されてしまう「人材輩出企業」になってしまわないよう、採用担当の方はくれぐれもご注意を。

不法就労摘発に大活躍？
○○○からの密告

技人国ビザの外国人が転職するとやっかいなのは、一種の「無敵期間」が生まれてしまうからだ。

外国人Xさんが日本のA社に内定を取る。入管にビザを申請する。このとき、A社は「Xさんにはこういう仕事をしてもらいます」という書類を提出する。入管は書類を審査し、問題がなければ技人国ビザを出す。ビザには1年から5年の有効期間が設定される。この場合、5年だとしよう。

その後、XさんがA社を辞めたとする。

もしもAさんが3カ月以内に別のB社に転職すれば、最初にもらった5年の有効期限はそのまま残る。

つまり、Xさんは5年の期限内であり、かつ3カ月以内に転職するようにすれば、その後C社、D社……と転職しながら働き続けることができるのだ。

問題なのは、入管で審査されたのは最初のA社での仕事だけであり、以降のB社、C社……でXさんがする仕事は審査される機会がないということだ。

Xさんの働き方が本当に技人国の条件を満たしているかが審査される機会は、5年後のビザ更新のときまで訪れない。

だから、最初の勤め先で技人国ビザを取り、転職後は飲食の現場で働く、といったパターンはよくある。

雇っている会社は「ビザを持っている人が応募してきたのだから雇っていいのだろう」程度の認識なのである。

このような「無敵期間」を利用することで、事実上、技人国ビザで単純労働をすることはお目こぼしになってしまっている。先ほどのマイクロソフトオフィスが得意なネパール人も、今は飲食店でホールスタッフをしているかもしれない。

もちろん入管は現状をよしとしているわけではない。今後は見せしめの効果も狙って、有名で大きな企業から手を入れていくと思われる。
「え、有名企業で不法就労をさせているの？」と驚くだろう。

差し障りがあって社名は言えないが、全国規模のチェーンでも技人国を悪用しているという噂はけっこうある。

不法就労で挙げられた企業は年単位で外国人を雇えなくなるから、外国人依存度が高く、多人数を採用している会社なら命取りになる。

おもしろいのは、手入れの発端になる通報は、不法就労している外国人と同国籍の人からのものが多いという話だ。

背景には同国人同士のトラブルがあるのかもしれないし、雇い主とうまく行かなかった外国人がもう辞めた職場を通報することもあるのだろう。通報が摘発につながると報奨金も出る。

ルール上は「5万円以下」とされているが、これもそれなりに魅力的なインセンティブなのかもしれない。

留学生の「働かせすぎ」は犯罪

技人国ビザの悪用についでよくあるのが、留学生を28時間を超えて働かせてしまうことだ。

「働かせすぎた疑い」という形での各種ニュースサイトでの報道は類を見ないが、見出しにやや脱力感が漂うものの笑いではなく、留学生を働かせすぎるのは犯罪なのである。

留学生は入管の許可を取ればアルバイトができる。ただし、1週間に28時間以内という制限がある。

「もっと稼ぎたいです」「残業、よろこんで」とアルバイトの留学生が言ってくれるので、お言葉に甘えてつい、働かせすぎてしまう。28時間の制限を越える。結果、社長が逮捕される場合もあるわけだ。

そのほか、怪しい業者経由の人材を受け入れてしまうパターンも要注意。人材紹介には有料職業紹介事業の許可がいる。

特定技能を扱う場合には登録支援機関という認定を取る必要がある。こうした資格を持たずに「外国人を派遣します」などという怪しげな営業をかけてくる会社はけっこうある。

日本の派遣会社が現地で求人を出して、自社で技人国のホワイトカラーとして雇用して入国させ、その後は宿泊業その他に送り込んで現場作業をさせている、といった話はしばしば耳に入ってくる。うっかり受け入れてしまうと、これまた摘発対象になる。

本当にまずいので、これらのうっかりには気をつけていただきたい。

……と、支援企業にしつこく言い続け、ＹｏｕＴｕｂｅ（「グローバル採用ＴＶ」：https://www.youtube.com/@global_saiyouTV）でも「啓発活動」を行ってきた甲斐あって、最近はリテラシーの高いお客さんが増えてきた。気になるケースでは「これ、大丈夫?」と問い合わせてくれるのだ。

直近でもある経営者から電話があった。首都圏で飲食店を営んでいる社長である。スタッフを募集していたところ、現在は山梨の旅館でベッドメイキングの仕事をしているというネパール人を紹介されたのだという。

「めちゃめちゃいい子なんだよ。雇っても大丈夫なの?」と聞かれたので在留資格を確かめると、技人国だった。もちろん「大丈夫じゃないです」と即答した。

あいかわらず怪しいブローカーは跳梁跋扈《ちょうりょうばっこ》しているらしい。この社長はうちに問い合わせてくれたから事なきを得た。

本書を読んでいる採用担当の方も、「大丈夫かな?」と思うことがあったらぜひジンザイベースにお問い合わせいただきたい。

いや、怪しげなブローカーが寄ってくる前に、そもそも外国人材活用を考え始めた時点で、お気軽にご相談してもらうのがベストである(宣伝)。

「自分たちは大丈夫」が不法就労する人の本音

一方、技人国ビザでサービス業の現場スタッフをやっているような外国人たち自身は、ルール違反をしていることは当然、知っている。

基本的に彼らは日本人よりも日本の入管制度に詳しい。

それはそうだろう。あなたが外国で働くとしたら、必死でルールを調べて違反しないようにするはずだ（もしかしたらルールの抜け道を探そうとするタイプかもしれない。その場合はより熱心に制度について勉強するはず）。つまり、温泉で働く外国人たちも、飲食店で働く人々も、マイクロソフトオフィスの彼も、わかっていてヤバいことをしているのだ。

いろいろなケースを見ていて感じるのは、「たとえ入管にバレたとしても、罰則を食らうのは雇用者側、自分たちはまあ、なんとかなるでしょ」……というマインドがあること。

もちろん、不法就労の外国人も摘発されること自体はよくある。

ただ、不法就労や不法滞在で逮捕されたからといって、彼らが起訴されて犯罪者として罰せられることはまれだ。たいていは国外退去処分、つまり母国に追い返されるだけである。

都内の某警察署から、会社に電話がかかってきたことがある。

その少し前に、うちの顧客である茨城の建設会社で働いていた外国人が失踪した。特定活動4カ月というビザで働いていて、それを特定技能に変更して働き続けられる手続きをしようと思っていた矢先のことだった。

しばらくして、墨田区あたりでふらふらしているところを職務質問され、特定活動4カ月のビザはもう切れていたので逮捕された。ついては我が社にも詳しい事情を聞きたい、という話だった。

結局、彼は不起訴処分となり、入管庁に身柄を送られて国外退去処分になった。しばらくすると本人のＳＮＳの投稿も再開し、元気に暮らしているようだ。不法滞在、不法就労で逮捕された外国人はたいてい国外に追い出されて終わりで、たいした罰則はない。だから、不法就労をしている人たちはさほど捕まったときのことを気にしていないのである。

一方、合法的な働き方をするには在留資格を変更する必要がある。つまり、飲食店で接客する場合なら技人国から特定技能に変更しなければいけない。手続きや試験を受けるのは面倒だ。技人国なら家族を呼べるが、特定技能なら2号にステップアップしてからでないと呼べない。

仮に企業側が正しい知識を得て、「在留資格を変更してくれ」と言っても、「面倒だから別の会社に移ろう」と考える外国人も多いだろう。

無知だったり悪質だったりで、そういう外国人を受け入れる会社はいくらでもある。入管としてもそういう会社を根こそぎにできるほどのリソースは持っていない。こうして、不法就労の問題は先送りされ続けていくわけだ。

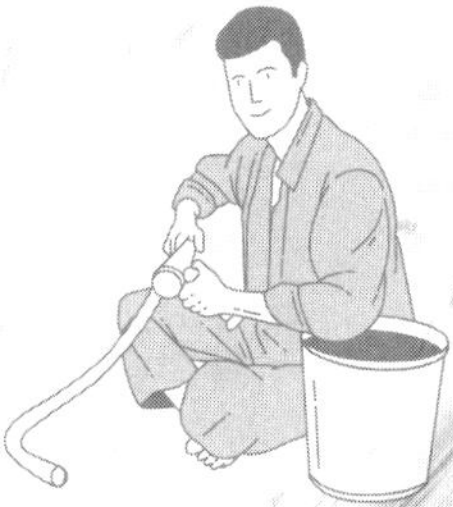

第5章

外国人材はあなたの会社を救うのか？

売り手市場の中で外国人に選ばれるマネジメント

「外国人なら採用できる」時代はすでに終わっている

どこの会社も、最初は疑心暗鬼で外国人を採用する。採用担当者はあからさまに「大丈夫なの?」という顔である。

ところが、いったん外国人を活用するようになると、あとは「追加、追加、追加」になるケースが多い。どんどん外国人を増やしていくのだ。少なくともジンザイベースが支援する企業に関してはほぼ100パーセント、そうなっている。

さまざまな問題はあっても、大多数の外国人材が企業にとってコスパのいい労働力であるということだ。ここまで紹介してきたような問題を起こす外国人が多数派だったら、絶対にこうはならない。

ただし、この傾向を必ずしも喜んでばかりもいられない。

「外国人材、いいじゃない」と気づく企業が増えた。ということは、買い手のニーズが増えたということ。ジンザイベースへの問い合わせも、ありがたいことにものすごい勢いで増えている。

つまり、どんどん売り手市場になりつつあるということだ。

いや、外国人材はすでに売り手市場になっている。

「外国人なら採用できる」と安直な考えでいられる時代は終わった。

はっきり言って、「外国人なら採用できる」はもう通用しない。外国人材に選ばれる企業にならなければいけない時代が来たのだ。今からそう考えておかないと取り残されますよ、と断言できる。


それを象徴するのが、2027年に予定されている技能実習制度の廃止だろう。

そもそも技能実習の問題点は何だったか。

実習という建前で来ている以上、彼らは労働者ではない。だから転職という概念はありえない。したがって、決められた期間は最初に入った会社に居続けないといけない。

もちろん、現実には技能実習生にも「企業ガチャ」はある。よくない会社に入ってしまった場合、「転職」ができない以上、彼らの選択肢は帰るか、逃げるしかない。

この点を改善したのが、新たに導入される育成就労制度で、一定の条件はあるが転職が認められることになった。

たとえ「転職は一定期間内はできません」ということになったとしても、大きな変化であることは間違いない。

どんな劣悪な労働環境でも一定期間なら（逃げられない限りは）就労させることができていた、という制度のメリットに甘えていた会社からみれば「大打撃」だ。ブラックな職場からはよりよい職場を求めて出ていくことができる外国人に「いかに選ばれるか」を考えていかなければならない時代が来たのだ。

もとより、特定技能の人材は転職ができる。技人国ビザで働いている人材も当然だ。日本人を雇うときに「どうすれば求職者に選ばれる企業になるか」をまったく考えない会社はないだろう。

同じように、当たり前のことを外国人を雇う場合にも考えなければいけなくなったのだ。

では、企業はどんな努力をすればいいのか。

この章では、企業の取組みや成功例を紹介しながら、これからの外国人材マネジメントで大事なことは何かを述べてみたいと思う。

外国人材をひきつけるマネジメントとは？

すでに売り手市場になっている、というのは国内だけを見て言っているわけではない。外国人材に関しては、ほかの国との取り合いということも考えないといけない。

東南アジアの人々が外国に働きにいくことを考えるとき、日本以上に人気があるのは韓国である。K－POPなど韓国カルチャーが人気なせいもあるが、なんといっても賃金が日本より高いのは大きい。

日本より人気、とまで言えるかどうかは微妙だが、意外に人気があるのが台湾だ。給料は日本よりも安いかわりに、ビザ取得の手続きが簡単。日本だと半年から1年かかるところ、わずか2週間程度で許可が出る。

あまり知られていないが、戦争が始まる前のイスラエルも人気があった。主に農業分野での就労だが、フィリピン人のように英語が使える人が働きやすい。

同じく英語を使って仕事ができる、中東でのメイドという働き方もよくある選択肢である。

東南アジアの中でなら、シンガポールという選択肢もある。

ご存じのように、「妊娠が発覚したとたん強制送還する」など外国人労働者に対する厳しい扱いを公然と行っている国である。

日本にも、技能実習生に奴隷労働をさせるひどい経営者はいるが、ルール上は労基法などが日本人と同じように適用されている。

何より、日本人自身が「こんな労働環境じゃ、まるで奴隷制じゃないか！」と問題にする（結果、技能実習制度は育成就労制度にアップデートされた）のだから、数段まともである。

今のところ外国人にとってシンガポールよりは日本のほうがはるかに魅力的なことは間違いない。

日本企業のおもしろいところは、外国人材を初めて採用するまでは受け入れに消極的だし、偏見もあるのに、いったん採用してしまうと柔軟なところだ。

仕事ができる人は当たり前のように重要な仕事を任せる。出世もさせる。「外国人ウェルカム、ただし同国人とは違ったルールでの扱いとなる」という国とは対照的なのである。

そして、外国人材に選ばれるためのマネジメントを考えるとき、ポイントになるのはこのことだ。

「辞める」と言ったベトナム人がいまだにこの会社にいる理由

ある中華系飲食チェーンに採用されたベトナム人の話をしよう。

面接のときには「3年は勤めたい」とか調子のいいことを言っていたくせに、入社半年で早くも「辞めたい」と言い出した。

この会社は地方にある。もっと給料のいい大都市の会社に移りたいと考えたのかもしれない。「外国人材あるある」と言ってもいいし、「人材が定着しない企業あるある」とも言えるだろう。

このケースが変わっているのは、この先だ。実はこのベトナム人、いまだに同じお店で働き続けている。

しかも最近では「仕事が楽しい」と言っているという。

いったいどんな魔法を使ってマインドを変化させたのか、社長に聞いてみたところ「どんどん仕事を任せた」という答えが返ってきた。

ひと通り仕事ができるようになったから、次は餃子を包んでみようか。餃子も包めるようになったし、次は調理をやってみよう。おお、中華鍋上手に振れるようになったね。じゃあ次は……という具合に。

できることが増えていくから仕事が楽しい、というわけだ。

「そうか、人材を定着させるにはどんどん仕事を任せればいいんだな」というのはもちろん早合点である。

「そんなことで人が定着すりゃ苦労はないよ」と突っ込みたくなった人は正しい。

問題は、「仕事を任せる」にプラスして何をすればいいのか、である。

この社長が見事だったのは、新しい仕事に挑戦させていくことに加えて、「業務

Aができるようになったら●●円昇給」「業務Bができるようになったら●●円昇給」「業務Cができるようになったら●●円昇給」……とはっきりした基準を提示したことだ。

すると、働く人は、何ができれば給料がどのくらい上がるのかがわかる。ポイントは「厨房を一通り任せられるようになったら……」といった大雑把なステップ分けではなく、業務をこまかくわけて、昇給のチャンスを多くしたことだ。

この職場で働き続けることのメリットを頻繁に感じられるようにしたのである。

この会社は地方にあって、給与水準では大都市の同職種とは大きな乖離がある。大企業のように充実した福利厚生も用意できない（社長はできる限りの努力はしているけれど）。

それでも、マネジメントによっては外国人材を定着させることができるし、戦力として開花させることもできるといういい例だ。

変わったことをしたのではなく、がんばったら評価する、というマネジメントの基本をしっかり押さえた結果というのもすばらしい。

外国人でも仕事ができれば出世させるのは日本企業のいいところだ。そのプロセスをよりわかりやすく、手応えを感じやすくするとさらに効果は高い。

半年で辞めるはずだったベトナム人を定着させた要因は、当たり前のことを正しく実行したことだった。

逆に言うと、マネジメントの基本ができていない企業は外国人からそっぽを向かれる時代が来るということでもある。

外国人材活用に慣れているつもりでも、実際は転職できない技能実習制度に乗っかって、マネジメントを放棄してきたような企業は多い。「当たり前」に目覚めて変わるのは早いほうがいい。

地方企業の基本戦略は「新卒、ファーストペンギン」狙い

地方企業での成功例を紹介したが、それでも基本的には大都市の会社に比べると、地方が不利なことは間違いない。

外国人材が魅力を感じる高収入でも、仲間の多さでも、地方に行けば行くほど不利になる。しっかりしたマネジメントで魅力ある企業になることは当然として、採用を戦略的に行う必要もある。

基本戦略は、すでに国内にいる外国人ではなく、これから入国して働こうとしている人を採用すること。

前に説明した、「新卒」と「中途採用」の違いだ。

国内ですでに働いている人は、より条件のいい職場を求めている。より給料の高

い職場、より仲間の多い地域、より刺激のある土地。いずれにしても東名阪の企業にはかなわない。仮に採用できたとしても、じきにまた転職されてしまう傾向がある。

だから、今の職場との比較で見てくる「中途採用」ではなく、母国での自分の環境と比べてくれる「新卒」を採用しましょう、ということになる。

実際、「新卒」の人材は地方に来てくれることが多いし、定着率は高い。これはジンザイベースが持っているデータでも証明されている。

「国外から呼び寄せてもすぐいなくなっちゃうんじゃない?」という心配に対しては「ちゃんとマネジメントをすれば大丈夫です」と言っておこう。

ただし、より安全を求めるなら、人材を呼ぶ国は選んだほうがいい。これがもう一つの戦略だ。

ちなみに、国民性云々の話ではない。単純に母数が多い国のほうが転職率が高いというデータがあるからだ。

今、圧倒的に多いベトナムからの人材は、日本で働いている同国人だ。Ｆａｃｅｂｏｏｋで日々、給与明細を見せあっている。浴びせられる情報が多ければ、となりの芝が青く見えやすい。現在増えつつあるインドネシアからの人材も同様だ。

地方企業が狙うなら、まだ日本で働いている人数が少ない国だ。一部の「ファーストペンギン」たちがようやく日本で働き始めたくらいの国を採用ターゲットにしたほうが定着につながりやすい。今でいうなら南アジアの国々だろう。

もうひとつ、「最終手段として外国人を雇う」という考えは捨てることを強くアドバイスしておきたい。

「すでに最終手段として外国人材を検討しているんだよ」という企業もあるだろうが。そういう企業でも、採用の姿勢を変えることはできる。

具体的には、日本人が働いてくれるというのなら喜んで迎えたいが、難しそう（あるいは無理）だから外国人を、という姿勢を改めてほしい。

日本人が応募してきてくれたときと同じくらい丁寧に、迅速に、親切に、そして熱意を持って、外国人からの応募に対応してほしいのだ。

もちろん、慣れないことで失敗するのは仕方がない。そこは我々のような専門家がサポートできる。

いち早く生まれ変われた企業は、これからのビジネス環境の変化の中で圧倒的優位に立てる。やって損はない努力だと思うが、いかがだろうか。

特定技能2号は地方にとっての大チャンス?

実は、地方企業にとってチャンスとなりそうな変化も起きつつある。

特定技能2号が導入されたことだ。すでに説明した通り、2号にステップアップした外国人は家族を呼んで暮らすことができる。

「日本人に続いて、外国人の採用でもうちのような会社には勝ち目がなくなる」と、絶望を感じている地方企業にとって、これが救いになるかもしれないのだ。

給与水準が高くて便利、同国人が多くて心強い……といった大都市の優位は、どちらかというと独身者にとってのメリットだ。あるいは、短期間日本で働いて帰国する人にとっての魅力なのである。

だが、特定技能2号の外国人は家族を呼ぶことができる。

子どもを育てる環境として、日本の大都市が好ましいかというとそうでもない。固定費が抑えられて、のびのびと子どもを遊ばせられる田舎のほうがいいと考える人もいるだろう。

家族を呼ばないとしても、「田舎」にしかない魅力はある。

これは東京の事例で恐縮なのだが、ジンザイベースに勤めるネパール人が郊外の八王子を住まいに選んだのは母国と雰囲気が似ているから、そして走りやすいランニングコースが豊富だからだそうだ。住環境の良さに魅力を感じる外国人材もいる。

たまにあるのが、「電車通勤になったから辞めます」という話である。

少し前にも、会社が借りてくれた寮が職場から電車でひと駅の場所だった、だから辞める、というケースがあった。

満員電車がいやというのではなく、そもそも電車に乗れない人が時々いるのだ。

鉄道のない国から来る人、故郷には鉄道が走っていなかった人はめずらしくない。

日本に来て生まれて初めて電車に乗って、ひどく酔ってしまう人もいる。

「新卒」で日本に来て、最初の職場は地方で、工場の隣に寮があるような環境。鉄道は使わずに生活してきて、東京のような大都市に転職して、いざ電車を使わざるをえなくなったところで「乗れない、無理」と気づく人もいる。

工場のすぐそばに寮や社宅をおいて、電車通勤しなくて済むことが魅力につながる場合もあるのだ。

社宅、住宅手当、そして畑？外国人が喜ぶ住環境を用意する

地方から、東京の青山一丁目にある飲食店に転職した人がいた。

この会社には「店から2キロ以内に住めば住宅手当を出す」という制度があった。求職者としては住宅手当を大いに当てにしていたらしいのだが、青山一丁目の店から半径2キロ以内の地域の家賃は都内でも屈指の高額である。

当然、住めそうな家は見つからない。そこで彼は「住宅手当の範囲を広げろ」と会社に要求した。もちろん、そんな要求は通らない。

ただ、このときは結果的にうまく行った。本人があきらめずに物件を探し、家賃の安いアパートを近くに見つけたのである。

もちろん、ボロボロのアパートだが、無事住宅手当ももらえることになった。外

国人材らしいガッツを感じさせるエピソードだ。

外国人材は求人条件を見て、給料やさまざまな手当、福利厚生も検討して、「毎月いくら貯金できるか」「実家に送金できるか」をシビアに考えている。会社が寮を用意してくれたり、住宅手当を出してくれたりすると魅力を感じるようだ。

そもそも、地方企業であればこんな問題は起こりようがない。空き家も豊富で寮や社宅を用意しやすい。住宅手当の範囲が2キロだとして、手頃な物件も見つかりやすいだろう。これも都会にはない強みである。

ある地方企業のおもしろい成功例を紹介しよう。この会社では、飲食店のスタッフとして多数の特定技能人材を雇用している。

はっきり言って田舎なので、外国人材の寮に使える空き家はたくさんある。古い民家を改装して外国人用のきれいなシェアハウスを用意した。

ついでに広い庭もあったので、「やりたい人がいれば畑をつくってもいい」というルールにした。

そのうち、農業分野の技能実習経験がある人を中心に、何人かが余暇を利用して趣味で畑作をはじめた。

しばらくすると、「社長、空芯菜できたよ！」とお裾分けがあったという。これなどは都会では絶対に真似のできない福利厚生だ。

外国人材獲得に本気を出す地方自治体

今までのように、数年後の帰国が決まっている環境ならば、大都市でできるだけ多く稼ぐのが最適解だとしても、家族を呼んで子どもを生み育て、実質的に永住までを見据えるとなると違った見方も出てくる。

その意味で、地方企業にはチャンスも生まれているという話をしてきた。

もちろん、子育て世帯に選ばれるような環境づくりは企業の努力だけでは無理だ。自治体との協力も必要になる。

学校での日本語力のフォローなど、教育制度のアップデートは大都市圏でさえ十分でないと言われている。だからこそ、「田舎」であってもいち早く取り組みを始めた地域は外国人材にとって大きな魅力を発信することができる。

最近では、地方自治体が地元企業を元気にするための取り組みをしていることは多い。

大都市から離れた地方であればあるほど、人口の流出は深刻だ。そこで、居住人口だけでなく、関係人口（仕事なども含めてその地域に継続的に関わる人口）を増やす活動を行っている。

関係人口を考えるとき、もっとも手っ取り早いのは地元の人手不足企業に人材を供給することだろう。

そのため、一部の自治体は私たちの会社と連携して人材と企業のマッチングイベント、受け入れる側の企業を啓蒙するための勉強会やセミナー、研修を開催して人手不足の解消に動きはじめている。

たとえば福島県の磐梯町は、人手不足に悩む宿泊業・製造業向けに、特定技能人材の活用についてのウェビナーをジンザイベースと合同開催している。

京都北都信用金庫が主催する若手経営者の勉強会では講師を務めさせてもらった。ほかにも城北信用金庫など、地元密着型の金融機関から招かれてお話をさせてもらうことは増えている。

一方では、こんな思い切った取り組みをする自治体もある。


ベトナム家族の保険料補助、山梨　県内の労働力確保へ

山梨県は、県内のベトナム人労働者の家族が母国で医療を受けるため、労働者が負担する保険料を軽減する取り組みを導入した。民間の医療傷害保険を活

用し、加入した労働者が支払う保険料の一部を補助する。人手不足が深刻化する中、外国人材確保が狙い。長崎幸太郎知事が12日、東京都内のベトナム大使館を訪れ、集まった同国メディアにアピールした。

県によると、保険料は家族1人当たり年間最大6万円程度を想定。県内のベトナム人労働者が負担する保険料のうち、雇用企業が4分の3以上を助成すれば、県がその半額を補助する。

2023年10月末時点で、県内のベトナム人労働者は3019人。国籍別で最多。

（2024年6月12日　共同通信）

これは家族を日本に呼ぶ場合ではなく、家族を母国に置いてきているベトナム人に対して保険料の補助を行うという施策だ。「やりすぎ」だと感じる人は多いだろうし、私も個人的にはそう思う。

ただ、外国人材の売り手市場という現状を把握して、ここまで思い切った手を打つ地方自治体もある、という現状は知っておいたほうがいい。

日本人から「やりすぎ」と非難の声が上がるくらいであれば、外国人材への宣伝効果も十分ということだ。


地方にチャンスが生まれる時代が来ていることは事実。だからこそ、いち早く本気で動けるかどうかがチャンスをつかめるかどうかを左右する。

「では、うちの町ではどんな施策を打てばいいいんだろう?」という相談は、大歓迎だ。実際に講演などのお話をいただくことも増えてきた。

ワン・トゥー・ワンで話しても、なかなか話を聞いてもらえない企業も多い。地元企業と信頼関係を築いている自治体や金融機関を通じて、より幅広く当社のメッセージを伝えていきたいと思っている。

外国人採用で重要な「学歴」

意外に思われるかもしれないが、外国人材の採用、特に特定技能では、学歴が重要だという話をしたい。

「うちの仕事ができるかどうかは勉強とは関係ないよ」という社長さんもいらっしゃるだろう。そうだとしても、やはり学歴は重要なのである。

なぜならば、特定技能1号から2号に移行するときには試験を突破しなくてはいけないからだ。

そもそも特定技能ビザを取るためには、試験に合格することが必要だ。

同じ職種の技能実習の経験者が移行する場合以外は、働きたい1分野の試験に合格して、かつ日本語能力検定のN４を持っている必要がある。これでまず、特定技能の1号にはなれる。

ただ、1号で働けるのは5年間だ。

ここで帰国されてしまうと、これまでの教育コストなどを全部捨ててしまうことになる。非常にもったいない。

そこで、5年間の間に、特定技能の2号に移行してもらわなくてはいけない。2号の就労機関は無期限だ。

2号になる条件としては、やはり試験に合格する必要がある。

当然ながら、1号よりはかなり難しい。誰もが特定技能2号に移行できるわけではない。

介護分野は特に難関だ。実は、介護には特定技能2号がなく、それに相当する永住資格を得るためには、介護福祉士の国家試験に受かる必要があるのだ。

以上を踏まえた上で、外国人材を活用する企業が考えておくべきことはあきらかだろう。

将来、特定技能2号の試験を突破できるような能力を持った人を採用しなければ、せっかく外国人材を育成しても、そのコストと労力は無駄になってしまうということだ。

どれだけ職場になじんで、日本文化や会社のカルチャーにも適応して、真面目に働いてくれる有能な人材だとしても、試験を突破できる能力がなければ意味がない、と言ってもいいだろう。

試験を突破できる能力をもう少し噛み砕いて言えば、試験に向けて勉強をする習慣があり、これまでにも試験を突破して来た経験があるということだ。

となると、中卒よりは高卒の人が、高卒の人よりは大卒の人のほうがこの能力を持っている可能性は高い。

「うちの会社の仕事に学歴は関係ない。日本語能力も、仕事上の会話能力があれば問題ない」という企業は多いだろう。

実際、そうなのだと思う。ただし、有能な外国人材に長く働いてもらうためには、直接業務に関係あるかどうかにかかわらず、試験で測れるタイプの日本語能力、そして学力が必要だ。

業種にかかわらず、採用にあたって語学力と学歴はしっかり見ていく必要がある。

外国人材市場のカラクリで損をする日本企業

売り手市場のなかで優秀な外国人材を獲得し、定着させていくためには、外国人材採用のカラクリを知っておくことも重要だ。

これから外国人採用を考えている会社はもちろん、すでに多くの外国人を受け入れていても、この点に無頓着な企業は多い。

そもそも、日本企業に外国人材を紹介する場合、どんなプロセスをたどるのかを多くの人は知らないだろう。

ジンザイベースがインドネシアに住んでいる求職者を紹介する場合を例にとろう。当社では、各国のSNSを通じて求職者を集めている。

ジンザイベースには各国出身の社員がいるから、それぞれの母国での情報発信を担当している。国によってTikTokだったり、Xだったり、Facebookだったりと、一番使われているSNSを選んで日本での求人情報を発信する。

結果として、彼らは母国におけるちょっとしたインフルエンサーになっており、フォロワー数が合計で16万ほどに達している。

これだけの母数があるので、ジンザイベースにはかなりの数の求職者が問い合わせてきてくれることになる。優秀な人材を見つけやすいということでもある。

次に、ウェブ経由で集まってきた求職者に、最適な日本企業を紹介する。ウェブ面接の結果、採用が決まったら後は入管手続きの申請をして、許可が下りたら求職者は来日して入社となる。

一方、ベトナムの場合はちょっと違うやり方になる。ウェブで求職者を集め、ウェブ面接で日本企業から採用してもらうまでは同じ。

ベトナムの場合はこの後、現地のライセンスを持った企業に求職者が日本で働くための手続きをしてもらわないといけない。これはベトナムの提携企業に依頼して処理してもらう。ミャンマーも同じような制度だ。

当たり前のように説明してきたが、実はジンザイベースのように「現地でウェブを使って求職者を集める」というやり方は、外国人材紹介では一般的ではない。各国には、求職者を集めて教育した上で、日本の人材紹介会社に紹介する学校がある。

つまり、日本の外国人材紹介は、現地の学校から人材を提供してもらう、という形をとるのが普通なのだ。

ウェブを使って現地で直接求職者を集めるジンザイベースのやり方は極めてめずらしいのである。

問題は、この学校が求職者たちからかなりの額のお金を取っていることだ。日本で働くチャンスを得るためには、現地の学校に高額の代金を払わなければいけない。このお金を用意するために、借金を抱えた状態で日本に来る外国人材も少なくない。

採用企業にとってもマイナスがある。

現地の学校は、日本の人材紹介会社から紹介料を取っている。そのぶんは日本の人材紹介会社が企業から受け取る紹介料に上乗せされる。企業の採用コストは増える。

外国人材紹介の仕組み

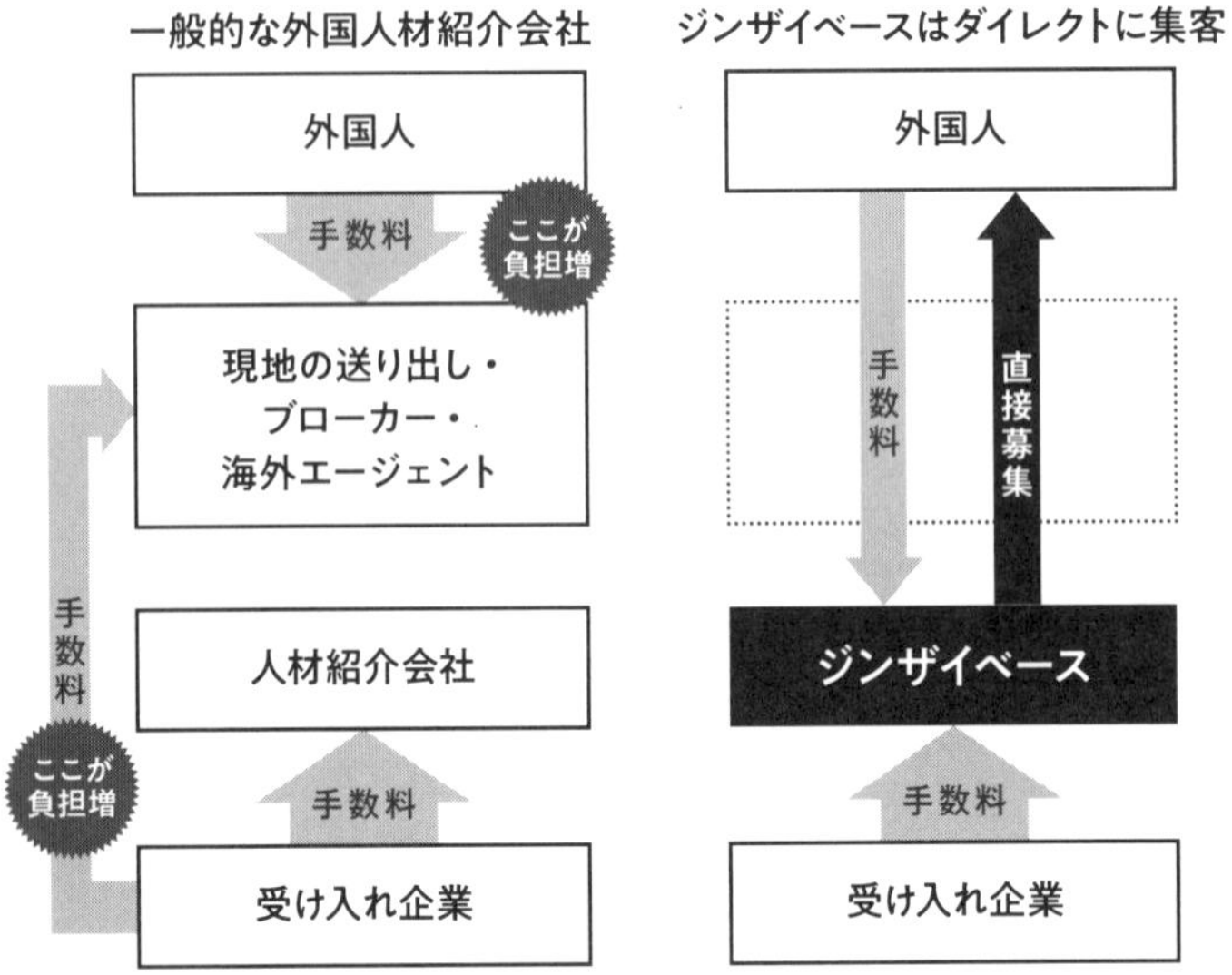

上の図を見てお金の流れも確認してほしい。

現地の学校が一人勝ちするビジネスモデルであることがわかるだろう。しかも、企業がアプローチできるのは、学校が囲い込んでいる限られた人材だけだ。

一方、ジンザイベースの人員募集に関しては、現地当局の許可を取りながらSNSを中心としたウェブ媒体で募集をして日本企業とマッチングしていることから、求職者は現地の学校に高いお金を払う必要がない。

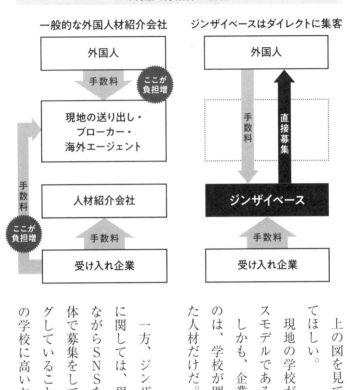

もともと現地の学校に課金していたのを打ち切って、ジンザイベース経由で採用にこぎつける例も多い。

採用企業は、現地の学校に支払う分を上乗せした紹介料を払わなくて済む。この方法は、求職者にとっても企業にとってもプラスになるということがわかるだろう。

ありがたくないと思うのは、現地の学校である。

彼らからすれば求職者がお金を落とさなくなるということであり、場合によっては「ウチで育てた人材を奪われた」ということにもなる。紹介料ももらえない。

流暢な日本語で書かれた脅迫メール(?)

こういうことをやっているとどうなるか、もうおわかりだろう。

敵をつくってしまうのだ。

ジンザイベースはＹｏｕＴｕｂｅ（「グローバル採用ＴＶ」）をやっているが、そこに「余計なことをするな」「お前らの商売は迷惑だ」的なコメントがつくことはよくある。

先日は、某国から発信されたと思われるメールが届いた。

いわく、某国を担当している貴社の社員は最低の人間で……という根も葉もない中傷メール（仮に事実だとしても、それがうちのビジネスとなんの関係があるのだろう？　社員のプライベートだし）だった。実に品のない内容を、かなり流暢な日本語で表現した、気味の悪いメールだった。

ほかにも、1日にだいたい3回くらいは外国人から直接電話が来る。国際電話だ。「うちで紹介する外国人を使いませんか」という売り込みである。当然、求職者からお金を取るスキームでやっているブローカー的な連中なので、丁重にお断りする。

私のＳＮＳにも営業ＤＭがバンバン来る。3回くらい無視していると、4回目には恫喝めいた捨て台詞を吐いてくることもある。

身の危険をリアルに感じる、という段階にはさすがに至っていない。
ただ、今後は仕事で東南アジア各国に行くのは避けられないにしても、せめて休暇で旅行に行くのだけは避けよう、と思っている。

長々と説明してきたが、ジンザイベースがやっていることは、日本人を採用する際に、日本で展開している採用手法のスタンダードを国際間に持ち込み、外国人材にも適用しただけだ。

求職者からはお金を取らない、ウェブを使って広く人材を集める。どれも当たり前のことだ。

外国人材採用でも、企業が人材に選ばれるという当たり前の時代が到来しているなかで、まっとうで当たり前の企業支援をしていくこと。それがジンザイベースの仕事である。

人手不足に悩む企業を減らしたい

ジンザイベースでは、2021年の設立以来、1000人以上の外国人材を、北海道から熊本まで全国の企業にマッチングしてきている。

人材紹介事業や特定技能人材の登録支援機関の認定を受けている法人は、1万社以上ある。

ジンザイベースの特長は、まずは語学力の高い人材に絞ってマッチングを行っていること。

求職者の教育から入って、面接を通じて求職者の語学力を見極めた上で、最低でもN3以上の日本語力を持つ人材だけをマッチングしている。

もうひとつの特長は、採用までで終わるのではなく、人材の定着支援サービスまで一貫して行っていること。企業へのコンサルティング、外国人スタッフによる就業した人材への個別支援はもちろん、自治体や地元金融機関などとも連携して外国人材マネジメントの知見を発信、共有している。

現地の送り出し機関、ブローカーなどを排除して、自社メディアを使って求職者を集め、ダイレクトに企業とマッチングしていることもジンザイベースの特長だ。

これにより、求職者や採用企業のコストを抑えられるというメリットがあるだけでなく、より幅広く、数多い人材にアプローチすることが可能になる。

現在、ベトナム・インドネシア・ミャンマー・ネパール・インド・台湾など、アジア各国の求職者を集めた独自のデータベースには15万人の人材が登録されている。母国にいてこれから日本で働きたいと考えている求職者だけでなく、すでに日本で働いていて転職を希望している人材も多い。「新卒」から即戦力まで、あらゆるニーズに対応可能だ。

海外の送り出し機関やブローカーが抱えている限られた人材からの紹介、というこれまで当たり前とされてきた方法ではなく、15万人のデータベースの中から、学歴や語学力が高い順に人材をマッチングすることで、より優秀な人材をマッチングできるのが当社の強みである。

国内の人材紹介であれば当たり前のことが、外国人材の領域においては「ジンザイベース独自の特長」になっているのが現状だ。すでに多くの外国人を受け入れている企業でも、当社に相談して「そんないい方法があるのを初めて知った」と驚かれることはめずらしくない。

技能実習制度が間もなく廃止される転換期。人手不足に悩む企業が1社でも多くジンザイベースに出会い、いち早く変化に対応し、外国人材を活用して成長と発展を実現することを願ってやまない。

おわりに

タイのバンコクにある高級寿司店に行くと、高そうなシャンパンを次々と開けてどんちゃん騒ぎをしている団体を見かける。

ほぼすべて、インドや中国、韓国の金持ちばかりだ。

ひと昔前なら、その席で騒いでいたのは日本人のビジネスマンたちだった。

日本企業がらみの接待でにぎわっていた怪しげな歓楽街でも、最近は日本人の評判が良くないそうだ。「金払いが悪い」と。

衰退しているという現実を把握せずに、いまだにアジア各国に対して上から目線でいるような日本人は、哀れなピエロでしかない。

「外国人なら採用できるだろう」という甘い考えが通用した環境から、「外国人に選ばれる企業を目指す」が当たり前になる環境へ。その変化は加速している。これが本書で一番、伝えたかったことだ。

今のところ外国人材とは無縁で、「うちは外国人を入れなくても、今後もやっていけるだろう」と思っている人。

すでに外国人材は身近になっていて、慣れているつもりだけれど、これまでの環境に甘やかされて「今後も外国人なら来てくれるから大丈夫」と思っている人。

いずれにしても、そういった認識でやっていける未来はまず来ないと思ったほうがいい。本書を読んでそのことに気づいてくれる読者が一人でも多ければ幸いだ。

認識と行動を改めるためには知識も必要だ。外国人材に関しては、まず「どういう在留資格（ビザ）があるのか」、次に「自社がやりたいことに照らして、雇用する外国人労働者にはどの在留資格（ビザ）が必要なのか」を知ることが前提となる。

ところが、基本中の基本であるこの知識を持っていない人があまりにも多い。実際に多くの外国人を雇用している経営者でさえ、知識がないために入管に知られたら一発で摘発されるようなことをやっているのが現実である。

本書では不法就労のエピソードもたくさん紹介した。多くの読者は他人事だと思って楽しんだと思う。ただ、楽しみながら読むと、自然に在留資格についての基本的な知識が身につくように工夫したつもりである。

一方で、外国人材採用のプロセスで、誰がどんなスキームで儲けているかに無頓着で、それゆえに損をしている企業も多い。これも本書で知っていただきたかったことのひとつだ。

日本人採用では当たり前の合理的なやり方を推進しているジンザイベースのような企業もある（まあ、ほぼうちだけと言っていいと思うが）という認識が広まってほしいと思う。

「日本企業はダイバーシティが進んでいない」とよく言われる。じゃあダイバーシティ化が進んでいる企業って？と問われると、イメージするのはフリーアドレスのオフィスにノートPCを持った多国籍の社員が闊歩して、公用語の英語で談笑している……的なイメージだろう（ちなみに当社も多国籍だしオフィスに決まった席はないが、フルリモートなのでオフィスを闊歩している社員は少ない）。

実は、こうしたイメージとはぜんぜん違う形で、日本企業はダイバーシティ化している。オフィスワークの世界では相変わらずでも、サービス業やブルーカラーの現場では何十万人もの外国人が働いているのだから。

しかも、その多くは大手企業ではなく、中小企業だ。日本人に不人気な職場、日本経済新聞などのメディアにはまず登場しない目立たない会社、特に人手不足で困っている地方の企業から、ある意味でグローバル化とダイバーシティへの適応が進んでいるとも言える。

大都市でオフィスワークをしている人でも、昼休みにコンビニに行ったりランチで飲食店に入れば、そこはダイバーシティの最前線であることもめずらしくない。本書を読んで「たしかにそういう見方もあるな」と気づいていただけたらうれしい。

読者がもし、まだ外国人を雇用したことがない会社に勤めているとしたら、外国人材活用については社内で一番詳しくなっていると思って間違いない。いや、すでにそれなりに外国人を活用している会社だとしても、採用担当者も知らないことを知っている（知ってしまった）可能性は高い。

もしも今後、御社で外国人採用の話がもちあがったときには、ぜひその知識を役立てていただきたい。

そして、困ったときや迷ったときはぜひ、お気軽にジンザイベースまでご相談を。

日本人が知らない
外国人労働者のひみつ

2024年12月10日　第1刷発行

著者　中村大介
編集人　佐藤直樹
デザイン　華本達哉（aozora.tv）
編集協力　川端隆人　水波 康
企画協力　吉田 浩（株式会社 天才工場）
発行人　森下幹人
発行所　株式会社 白夜書房
〒171-0033　東京都豊島区高田3-10-12
［TEL］03-5292-7751　［FAX］03-5292-7741
http://www.byakuya-shobo.co.jp
製版　株式会社公栄社
印刷・製本　TOPPANクロレ 株式会社